Maquetes & Miniaturas

Todos os direitos reservados à editora.

Publicado por Giz Editorial e Livraria Ltda.

Rua Capitão Rabelo, 232
Jd. São Paulo – São Paulo – SP – 02039-010
Website: www.gizeditorial.com.br
E-mail: giz@gizeditorial.com.br
Tel/Fax: (11) 3333-3059

Regina Mazzocato Nacca

Maquetes & Miniaturas

5ª reimpressão
São Paulo, 2017

© 2006 de Regina Mazzocato Nacca

Título Original em Português:
Maquetes e Miniaturas

Coordenação editorial: Ednei Procópio
Comercial: Simone Mateus
Revisão: Josias Aparecido Andrade
Editoração eletrônica: Vivian Valli
Impressão: Rettec Artes Gráficas e Editora Ltda.

Dados Internacionais de Catalogação na Publicação (CIP)
(Câmara Brasileira do Livro, SP, Brasil)

Nacca, Regina Mazzocato
   Maquetes e miniaturas / Regina Mazzocato Nacca. – São Paulo ; Giz Editorial, 2006.

   ISBN 85-99822-26-8
   ISBN 978-85-99822-26-8

   1. Arquitetura - Projetos e plantas 2. Maquetes - Projetos e plantas 3. Miniaturas I. Título.

06-6696   CDD-720.228

Índice para Catálogo Sistemático
   1. Maquetes : Montagem : Arquitetura   720.228

É PROIBIDA A REPRODUÇÃO

Nenhuma parte desta obra poderá ser reproduzida, copiada, transcrita ou mesmo transmitida por meios eletrônicos ou gravações, assim como traduzida, sem a permissão, por escrito do autor. Os infratores serão punidos pela Lei n° 9.610/98

Impresso no Brasil / Printed in Brazil

*Dedico este trabalho
aos amores da minha vida*

Vilma, Viviane, Marcus e Thiago

AGRADECIMENTOS

Gostaria de agradecer à minha família, aos meus amigos, aos meus clientes e alunos que me motivaram na realização deste trabalho.

Agradeço à equipe Giz Editorial,
que viabilizou meu projeto.

Apresentação

Desenvolver e confeccionar maquetes é sobretudo um processo em que idéias tornam-se tangíveis e tridimensionais. Projetos das mais diversas áreas de atuação saem de um plano bidimensional para ganhar vida em menor escala nas mãos de profissionais especializados.

Como seria possível participar deste universo? Somente os especialistas dominam estas técnicas? E os hobbistas, não têm sua vez?

Minha proposta neste livro não é listar fórmulas únicas de se confeccionar maquetes. Isso seria impossível. Não pretendo profissionalizar, mas sim introduzir todos os que se interessam pelo assunto nas técnicas de confecção de maquetes básicas. Na verdade, pretendo eliminar dúvidas daqueles que estudam ou atuam na área de arquitetura e decoração (em nível técnico ou superior) e encontram dificuldades mil em representar seus projetos através de maquetes. Busco também satisfazer a curiosidade daqueles que se interessam pelo assunto, mesmo que como um hobby pessoal.

Aos que aceitam meu convite para novas experiências, bom divertimento!!!!!

Este livro está organizado da seguinte forma:

> » Na primeira parte, apresento a conceituação de maquete, sua classificação e uma forma de planejamento de trabalho.
> » Na segunda parte, apresento os materiais utilizados para o trabalho proposto, as ferramentas e utensílios adequados ao material e algumas informações importantes ao maquetista.

» Na seqüência, apresento os projetos das maquetes e miniaturas propostas, divididas em:
  › Foto da maquete ou miniatura pronta
  › Materiais utilizados na execução da maquete ou miniatura
  › Ferramentas e utensílios necessários àquela maquete
  › Passo a passo da execução das maquetes com indicações da seção Métodos e Técnicas, que devem ser lido para orientar adequadamente o trabalho
  › Sugestão de uso de outros materiais para a mesma maquete ou miniatura

» Em seguida, a seção Métodos e Técnicas, que deverá ser consultada de acordo com o trabalho a ser executado.
» Logo após, os projetos em desenho esquemático das maquetes ensinadas no livro.
» Concluindo, as Tabelas que servem de referência no uso de materiais e suas combinações (tintas, colas etc.).

Sumário

Conceituando 15
Planejando sua maquete 19
Conhecendo materiais e ferramentas 25
Praticando 43
    PROJETO 1 - Terreno 44
    PROJETO 2 - Fábrica 54
    PROJETO 3- Centro Cultural 62
    PROJETO 4 - Casa térrea 66
    PROJETO 5 - Tenda 78
    PROJETO 6 - Cobertura com estrutura metálica 82
    PROJETO 7- Mesa em madeira 87
    PROJETO 8 - Cadeira para escritório 91
    PROJETO 9 - Sofá 96
    PROJETO 10 - Sofá - Chesterfield 99
Métodos e técnicas 103
    Montagem padrão de bases 103
    Maquetes Topográficas 105
    Montagem de complementos 106
    Montagem dos lixadores 115
    Sólidos básicos e suas planificações 115
    Utilizando técnicas de marcenaria 120
    Preparo da massa com gesso 122
    Encaixes em co-laminado 122
    Revestimento em co-laminado 123
    Tingimento de serragem para revestimento 124

Projetos simplificados das maquetes executadas 125
    Levantamento planialtimétrico de área... *127*
    Fábrica *128*
    Centro cultural *129*
    Casa térrea *130*
    Casa térrea *131*
    Tenda – Cobertura em lona... *132*
    Cobertura com estrutura metálica... *133*
    Mesa em madeira.. *134*
    Cadeira para escritório *135*
    Sofá.. *136*
    Sofá Chesterfield... *137*

Tabelas 139

Conceituando

AFINAL DE CONTAS, O QUE É MAQUETE?

A MAIORIA DAS PESSOAS a quem já experimentei questionar sobre o assunto, afirmou saber o que é uma maquete. Muito poucas conseguiram definir com palavras a imagem que traziam em mente. Por esta razão decidi conceituar o termo em questão e esclarecer as dúvidas que possam existir.

MAQUETE é a reprodução fiel de uma obra ou projeto em escala reduzida.

A maquete tem o compromisso de reproduzir *visualmente* um objeto em escala reduzida. Ela pode ser **física**

quando executada com materiais tangíveis que ocupam lugar no espaço. Ou **virtual,** quando o projeto é representado através da computação gráfica, permitindo até mesmo que o espectador "caminhe" pelo projeto como se o mesmo já estivesse concluído. *Neste livro tratarei apenas das maquetes físicas,* que são a razão desta obra.

Algumas pessoas confundem as maquetes com os **protótipos.** Estes têm como objetivo reproduzir um objeto com fidelidade tanto visual como funcional. O protótipo deve ter não só a aparência, mas a resistência e a utilidade dos objetos que serão produzidos a partir dele. Por essa razão é utilizado na indústria para teste de produção de novos produtos.

As maquetes são também consideradas **modelos** por representarem em miniatura o que será construído em escala real. O protótipo também é um tipo de modelo, mesmo não se apresentando em escala reduzida, mas por ser o n.° 1 de uma série, um objeto a ser reproduzido com total fidelidade.

MAQUETISTA é o nome dado aos profissionais especializados na confecção de maquetes.

Este profissional encontra no mercado diferentes alternativas de trabalho. Suas habilidades e a escolha das técnicas utilizadas vão determinar o tipo de maquete que irá confeccionar:

- **Maquetes Industriais:** são aquelas usadas, por exemplo, para representar os grandes empreendimentos imobiliários. Seu uso é, em geral, comercial e elas devem apresentar qualidade em detalhes e grande resistência ao tempo de exposição. Por essa razão, esse tipo de maquete é confeccionada com materiais de elevada durabilidade e alto custo. O acrílico e o MDF são dois bons exemplos e exigem instalações e ferramentas específicas, assim como um espaço exclusivo para montagem das peças.
A maquete industrial é produzida em larga escala, em setores diferenciados, como numa linha de montagem. A produção é dividida em setores: paisagismo, implantação, esquadrias, estrutura da edificação, mobiliário entre outros. Um maquetista sozinho não executa um projeto por completo. A maquetaria industrial possui profissionais especializados e altamente capacitados que operam equipamentos e máquinas específicas como serras, fresadoras a laser, pistolas de pintura etc.

- **Maquetes Artísticas:** têm como objetivo expressar as idéias criativas de profissionais das artes plásticas. São peças que representam a realidade em miniatura sob a ótica do artista, não havendo a preocupação com a extrema fidelidade ao mundo real. Este tipo de maquete não necessita propriamente de instalações específicas. Em geral os materiais usados são de fácil manuseio. Alguns usam até mesmo material reciclado ou sucata na confecção de suas obras.

- **Maquetes Artesanais:** encontra-se intermediando as anteriores e são o assunto deste livro. Ela busca representar fielmente a realidade como a maquete industrial, porém usando materiais de simples manuseio e baixo custo como a maquete artística.
Papelão, madeira balsa e EPS são alguns exemplos de materiais que compõem este tipo de maquete. São fáceis de manipular

porém impõem alguns limites na representação de alguns projetos em escala muito reduzida.

Este tipo de maquete é muito usado no meio acadêmico e por principiantes na arte das maquetes. Isto se deve à facilidade de acesso aos materiais, fidelidade ao projeto, rapidez e baixo custo. Não há necessidade de instalações e equipamentos específicos para a montagem das peças.

Planejando sua maquete

POR ONDE COMEÇAR?

ESTA É SÓ UMA DAS MUITAS DÚVIDAS de quem se interessa pelo assunto. Muitos já se aventuraram a desenvolver uma maquete e descobriram no final da execução que começaram "pelo lado errado". Para evitar o desânimo que vem logo depois desta experiência, vamos esquematizar nosso trabalho resumindo-o em alguns passos:

1. Definição do objetivo da maquete
2. Análise de projeto
3. Escolha do material
4. Adaptação do projeto ao material
5. Montagem da estrutura
6. Detalhes e acabamentos

1. Definição do objetivo da maquete

Analisemos a seguinte situação: um arquiteto procura um maquetista para a execução da maquete de um projeto residencial. Entrega a este uma cópia do projeto com todos os detalhes – plantas, cortes e elevações – e declara necessitar do trabalho pronto em uma semana. No momento em que o maquetista se depara com o projeto, surgem os problemas:

» Onde e a quem será exibida esta maquete?

> Quanto tempo e a que tipo de interferências ela precisará resistir?
> Qual ponto do projeto deve ser valorizado na maquete?
> Qual o valor estimado pelo arquiteto para o pagamento deste trabalho?
> O que é possível ser realizado no prazo determinado pelo arquiteto?

Estas são perguntas que inevitavelmente surgem antes ou durante a execução de um trabalho. Sem respostas para essas perguntas, o maquetista provavelmente não conseguirá atender às expectativas de seu cliente.

Minha proposta para simplificar este direcionamento inicial é a classificação da maquete a ser executada em três categorias:

A) Por objeto a ser representado

Topográfica: reproduz em pequena escala a topografia de um terreno através de suas curvas de nível em camadas sobrepostas. Em geral, ela representa somente o terreno para análise de implantação de uma edificação. A escala utilizada neste tipo de maquete varia muito, dependendo da dimensão da área que se quer representar.

De Edificação: representa edificações em geral, retratando apenas o volume da estrutura ou o resultado final da obra em detalhes. Essas edificações podem ser residências, prédios comerciais, edifícios residenciais, entre outros.

Urbanística: retrata o resultado de intervenções urbanísticas, normalmente em escala bastante reduzida. Este tipo de maquete permite a visualização do efeito que a implantação do projeto causará na área em questão.

De Ambiente: este tipo de maquete representa ambientes em escala reduzida e é utilizado com freqüência em decoração e *design* de interiores. Este tipo de maquete exige a utilização de escalas maiores, devido aos detalhes de mobiliário, objetos, entre outros.

De Objeto: este tipo de maquete representa objetos isoladamente e é utilizado com freqüência em projetos de *design* de novos produtos. A escala será escolhida de acordo com o objeto. Como já vimos na definição de maquete, em geral ela apresenta-se em tamanho reduzido, o que não nos impede de confeccioná-la em tamanho maior que o real se assim se fizer necessário. As miniaturas se encaixam nesta categoria.

B) Por finalidade

Estudo: visa auxiliar o profissional durante a elaboração de um projeto. Este tipo de maquete permite movimentação e modificação das partes que a compõem para a análise desejada. A maquete de uma fábrica com seu *layout* interno representado por peças móveis nos serve de exemplo.

Comercial / divulgação: sua função é apoiar o processo de "venda" de um determinado projeto antes de sua execução. A palavra venda foi colocada entre aspas pois estamos utilizando-a em mais de um sentido: a venda propriamente dita, que envolve transação financeira, e a "venda" de uma idéia, quando queremos convencer alguém sobre um novo projeto, por exemplo, dentro da empresa onde atuamos. O importante é a implantação desta nova proposta e não só a obtenção de lucro financeiro.

Cenário: objetiva representar em absoluto a realidade. Para tal, a maquete é executada com materiais que representam o projeto ou a cena não só visualmente. Tomemos como exemplo as maquetes utilizadas em produções cinematográficas. Explosões ou enchentes são reproduzidas com total realidade. Nestes casos, as maquetes aproximam-se de protótipos em miniatura por exigirem que os objetos sejam representados em aparência e resistência proporcionais ao real.

C) Pelos componentes que apresenta

Volumétrica: onde os volumes dos objetos são representados de forma elementar. Ela pode retratar o volume final ou apenas a estrutura básica do objeto. Em geral, este tipo de maquete é executado em apenas uma cor (na maioria das vezes na cor branca) e é mais utilizado em exibições para profissionais da área de projeto. Isso se deve à facilidade que possuem estes profissionais em visualizar o resultado final da obra apenas observando sua forma plástica.

Figurativa: retrata fielmente e em menor escala a realidade, implicando na excessiva e necessária preocupação com detalhes como figuras humanas, veículos, paisagismo etc. As maquetes expostas em *stands* de vendas são um bom exemplo deste tipo de maquete. Utilizadas como material de apoio no processo de vendas, elas apresentam o resultado da obra após sua construção para que o cliente tenha noção do que está adquirindo. As maquetes figurativas são os melhores exemplos para a definição de modelo.

Com esta classificação podemos definir o tempo útil da maquete, os detalhes e elementos que deve apresentar, as cores, a escala, enfim, as principais diretrizes do trabalho. A importância desta etapa ficará mais clara nos projetos propostos adiante.

2. Análise de projeto

Conhecendo o objetivo da maquete e suas principais diretrizes, partimos para o estudo do projeto. Na maioria das vezes as maquetes são construídas antes da execução de uma obra. Por isso ela tem o compromisso de retratar uma realidade, mesmo que futura, da forma mais fiel possível. Isso exige que conheçamos muito bem o projeto.

Se a maquete for volumétrica, por exemplo, não precisamos nos preocupar com detalhes como tipo de esquadrias, paredes internas, mas sim os volumes das edificações, a escala que proporcionará sua melhor representação e assim por diante.

3. Escolha do material

Familiarizados com o projeto e com os objetivos da maquete, podemos definir o material a ser utilizado. Para esta escolha é preciso que conheçamos as opções de materiais oferecidas no mercado e os recursos necessários para a utilização de cada um deles.

Na execução de maquetes profissionais utilizam-se materiais como acrílico e madeira por sua resistência a impactos e a possibilidade de bons acabamentos com durabilidade. Para a utilização destes materiais necessitamos de equipamentos de marcenaria e pintura instalados em espaço adequado, o que dificulta a execução de pequenos trabalhos. Em geral, quem inicia na arte da maquetaria não tem essas máquinas e ferramentas à disposição, tampouco possui habilidade para utilizá-las. Por essa razão adotaremos materiais com menor vida útil e resistência mas que nos proporcionarão facilidade na montagem e no acabamento das maquetes:

- » Papel
- » Madeira balsa
- » EPS
- » Cartão co-laminado
- » EVA
- » Cortiça

4. Adaptação do projeto ao material

Nesta etapa o maquetista planeja a execução da maquete de acordo com o material escolhido. Define-se a forma de confecção da estrutura, a textura dos acabamentos, a seqüência de montagem etc.

5. Montando a estrutura

A maioria dos materiais utilizados apresenta-se em chapas ou placas, ou seja, em superfícies planas. A melhor forma de construirmos um volume com um material plano é planificar este volume para reconstruí-lo em seguida, ou melhor, dividi-lo em pedaços que serão recortados desta superfície e posteriormente montados. Exercitaremos estas montagens nos projetos propostos adiante. Quando o material apresenta-se em blocos, como o EPS, por exemplo, utilizamos a técnica da escultura para obter a forma desejada.

6. Detalhes e acabamentos

A maquete será finalizada de acordo com a escala adotada e seus objetivos: a maquete volumétrica deve apresentar apenas os volumes das edificações, enquanto a maquete figurativa apresentará figuras humanas, paisagismo etc.

Conhecendo materiais e ferramentas

APRESENTO A SEGUIR OS MATERIAIS e ferramentas mais utilizados em maquetes básicas. Não são as únicas alternativas oferecidas pelo mercado, mas são materiais conhecidos por muitos e facilmente encontrados em lojas e papelarias.

Materiais para estrutura

Papel

O papel é um dos mais conhecidos materiais para confecção de maquetes simples. É encontrado com facilidade em muitos pontos de venda e oferece uma enorme variedade de gramaturas, texturas e cores. Não apresenta dificuldade no manuseio nem exige ferramentas caras e específicas para o trabalho. Os tipos mais conhecidos são:

» Duplex / Triplex: semelhante ao popular papel cartão, porém com resistência superior e maior diversidade de gramaturas. Apresenta uma face branca brilhante e outra que pode ter a cor bege (Duplex) ou branco fosco (Triplex).
» Paraná: este tipo de papelão é largamente utilizado na confecção de caixas para sapatos, enfeites etc. Apresenta cor amarelada e textura áspera, o que dificulta um bom resultado no acabamento. É vendido em placas com espessuras variadas por um baixo preço.
» Paraná cinza, papelão pardo ou Horlee: apresenta cor acinzentada e textura menos áspera que o papelão Paraná. É vendido em placas nos distribuidores de papel e papelarias técnicas.

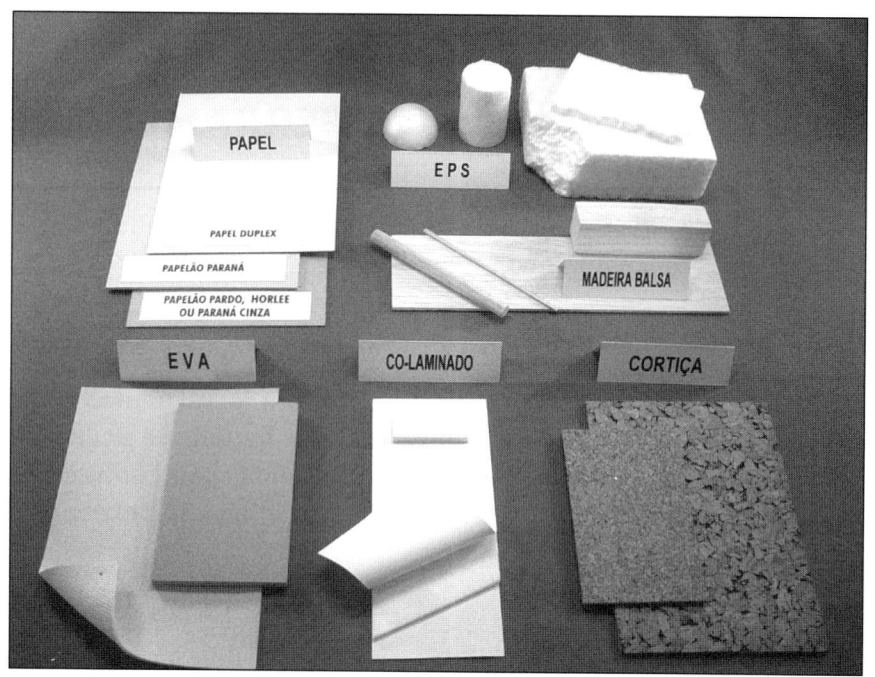

Madeira balsa

A madeira balsa é leve e de fácil recorte, utilizada em modelismo na confecção de modelos e miniaturas. Deve ser utilizada quando desejamos representar a textura e as fibras da madeira. Não é indicada para simulação de alvenaria, pois dificilmente se consegue um acabamento satisfatório. Muitos estudantes utilizam a madeira balsa com este fim por desconhecer outro material que possa substituí-la.

Sua maior limitação está no tamanho das placas cuja largura não excede 15 cm, obrigando a realização de emendas em alguns casos.

Para confecção de móveis, recomendo a utilização de placas com espessura superior a 1,5 mm. Para revestimento, placas com aproximadamente 1 mm de espessura podem ser aplicadas sobre o co-laminado ou papel Paraná, por exemplo.

Cartão co-laminado

Este material é composto por uma placa de poliestireno revestido com papel nas duas faces. Largamente aplicado em comunicação visual, sua leveza e rigidez o tornam um material de fácil utilização por não necessitar equipamentos caros e específicos para corte e vincagem – basta um estilete. Suas vantagens estão no tamanho das placas e na leveza e facilidade de corte, apesar da espessura.

É encontrado em várias cores e espessuras que variam de 3 a 13 mm, variando conforme o fabricante.

EPS – Poliestireno Expandido

Isopor®[*] é o nome pelo qual é conhecido o produto EPS – poliestireno expandido. Muito utilizado na confecção de embalagens industriais, sistemas construtivos e artigos domésticos que necessitem leveza, resistência e impermeabilidade. É reciclável, inodoro e não mofa. É encontrado em placas com espessuras que variam de 5 a 100 mm, e em formatos diversos como esferas, cilindros etc.

Apesar de leve e de fácil recorte, não proporciona bom acabamento nas maquetes devido a sua textura. A confecção de maquetes com EPS pode ser trabalhosa por esta limitação, porém não deixa de ser uma alternativa de baixo custo e leveza estrutural.

EVA (emborrachado) e cortiça

Esses materiais apresentam-se em placas de diversos tamanhos e espessuras. São indicados para maquetes volumétricas, pois têm texturas que dispensam acabamento. São facilmente recortados com estilete ou tesoura mesmo com espessura acima de 2 mm. Pela flexibilidade favorecem a execução de sólidos geométricos com superfícies arredondadas como o cilindro por exemplo.

---

[*] Isopor é marca pertencente à Knauf Isopor Ltda.

Materiais para montagem e acabamento

Papel

Para revestimento de maquetes e miniaturas, os tipos que mais utilizo são:

» Canson: esta é a marca de uma linha completa de papéis para trabalhos artísticos. Para revestimento das maquetes podemos utilizar as linhas Mitentes e Tiziano, que possuem textura diferenciada e enorme variedade de cores.
» Vergê: para revestimento em maquetaria indico 120 g como a gramatura mínima, sendo 180 g o ideal para evitar marcas de cola na peça. É encontrado em várias cores em tom pastel.
» Colorplus: apesar de não apresentar textura, esta linha de papéis possui belas cores para revestimento. É encontrado em papelarias técnicas e apresenta gramaturas variadas.
» Camurça: sua textura aveludada proporciona efeitos interessantes como simulação de gramado em jardins, veludo em móveis, carpete em pisos entre outros. Não possui muitas cores mas atribui um efeito interessante às peças que reveste.

Tecido

Os tecidos próprios para decoração nem sempre podem ser utilizados por apresentarem espessura inadequada à montagem de pequenas peças. Para representá-los, utilizamos tecidos de algodão que tenham estampas adequadas às miniaturas e que possibilitem revestimento de móveis e objetos em pequena escala. Na realidade, qualquer tecido pode ser utilizado desde que não seja muito espesso e proporcione um acabamento com qualidade e fidelidade ao objeto real.

Tintas e Vernizes

Para obtenção de um melhor acabamento e uma maior durabilidade, utilizamos tintas e vernizes da linha imobiliária e tintas de artesanato em nossas maquetes.

Tintas Imobiliárias

O *látex* é uma tinta à base de acetato de polivinila (PVA) utilizada em pintura de alvenaria. É solúvel em água e proporciona um acabamento fosco aveludado à superfície.

O *esmalte sintético* é a tinta utilizada em pintura de superfícies de madeira e ferro. É solúvel em aguarrás e apresenta três tipos de acabamento: fosco, acetinado e brilhante.

A *massa corrida*, diluída ou pura, é utilizada no nivelamento de alguns papéis antes da camada de tinta. Este procedimento assegura qualidade de acabamento de alguns papéis.

Os *vernizes* são conhecidos por sua aplicação em superfícies de madeira. Eles proporcionam proteção da superfície, intensificação ou mudança na cor da madeira. O mais utilizado é o verniz poliuretano que, apesar de incolor, proporciona uma cor amarelada à superfície. Apresenta acabamento fosco e brilhante e pode ser encontrado já pigmentado pelo fabricante em diversas cores e em tons de diversos tipos de madeira. A diluição deve ser feita de acordo com as indicações do fabricante.

Tintas para Artesanato

A *tinta acrílica* é fabricada à base de resina acrílica e apresenta acabamentos fosco e brilhante. Encontrada em embalagens pequenas (aprox. 37 ml), já vem pronta para uso e em cores básicas, especiais e metálicas.

A *tinta plástica* se diferencia da tinta acrílica por ser produzida à base de resina PVA. É encontrada também em embalagens pequenas e prontas para uso. Seu acabamento assemelha-se à tinta acrílica fosca.

Para obtermos resultados satisfatórios no acabamento em pintura, é preciso que se conheçam as recomendações do fabricante do produto. No rótulo da embalagem encontramos informações importantes que muitas vezes não recebem a devida atenção. Dados como porcentagem de diluição, tempo de secagem, forma de aplicação são fundamentais para um melhor resultado do trabalho. Se a tinta ou verniz necessitar de diluição, por exemplo, não devemos aplicar o produto na forma como se apresenta na embalagem. A consistência do produto pode comprometer o resultado final.

As tintas em geral ficam estocadas por algum tempo antes de chegar à mão do consumidor, seja na loja ou no próprio fabricante. Este tempo de repouso faz com que alguns componentes químicos depositem-se no fundo da embalagem. Isso faz com que seja necessária a homogeneização da tinta ou verniz antes da utilização.

Fitas adesivas

As fitas adesivas são indispensáveis em nosso trabalho.

A *fita adesiva transparente* é a mais utilizada em nosso dia-a-dia pela praticidade em seu uso. É composta por um filme transparente com adesivo, e seu rolo pode ser acondicionado em um suporte de mesa que facilita o corte. É uma das mais resistentes e sua cola deixa marcas em superfícies, não devendo ser usada como auxiliar no acabamento. É usada para fixar o material à prancheta para execução do desenho e para fixação de material na montagem das estruturas.

A *fita crepe* é formada por uma fita de papel crepado com aproximadamente 0,15 mm de espessura com adesivo. É mais utilizada quando não podemos deixar marcas de cola sobre uma superfície. Ela auxilia no processo de colagem por não ter uma aderência muito grande. Pode ser usada também na fixação do material na prancheta de desenho.

A *fita dupla face* é usada na montagem de estruturas substituindo a cola nas abas de colagem. Pode ser usada para aplicação de acabamento, porém deve-se ter cuidado para que a mesma não crie relevo no revestimento, comprometendo o trabalho.

Colas

O tipo de cola a ser utilizado depende do tipo de material escolhido para o trabalho. Esta escolha influenciará na resistência e durabilidade da maquete. O material não deve reagir ou decompor-se em contato com a cola. Para garantir que isso não ocorra, faça um teste antes da montagem.

Quando tiver mais de uma opção, considere suas necessidades quanto à resistência, tempo de secagem, facilidade de manuseio, quantidade de material disponível, entre outros.

Antes de efetuar a colagem, verifique se a superfície está limpa, seca, livre de gordura, poeira, rebarbas ou algum outro tipo de resíduo.

A *cola branca* é produzida à base de PVA (acetato de polivinila) e é largamente utilizada em maquetaria por aderir à maioria dos materiais porosos. Não apresenta difi-

culdade de manuseio e torna-se transparente após a secagem completa (24 horas). Por apresentar longo tempo de secagem, necessita grampos ou outro tipo de apoio para que as peças não se movam. Essa pressão deve ser mantida por 4 horas para garantir uma colagem perfeita.

É encontrada em embalagens de 500 g a 50 Kg. Pode ser aplicada com pincel ou rolo de espuma. Em algumas aplicações, como revestimento de peças, por exemplo, a cola pode ser aplicada diluída a 5% sem que o resultado final fique comprometido. As embalagens de uso escolar podem apresentar diluição acima do desejado, comprometendo a resistência da peça. O excesso de cola deve ser retirado imediatamente após a colagem.

A *cola de contato (ou adesivo de contato)* é fabricada à base de borracha sintética e é muito utilizada na colagem de superfícies planas que necessitem alta resistência. A adesão das superfícies é imediata, não permitindo correções, mas sua secagem completa ocorre em 24 horas. Pode ser aplicada com pincel ou espátula preferencialmente dentada. É encontrada em bisnagas, latas e galões. Não necessita diluição.

A cola deve ser aplicada nas duas superfícies a serem coladas. Após a aplicação, aguarde a evaporação do solvente por 20 a 40 minutos e faça a junção das peças. A colagem deve ser feita a uma temperatura entre 20 e 25 °C. Em dias chuvosos faça a colagem em horários mais quentes e aguarde a secagem por um tempo maior, no máximo 35 minutos. Agite bem antes de usar e use o adesivo em locais arejados, pois seu forte odor pode ser prejudicial.

O *adesivo instantâneo* é um dos nomes dados às colas cianoacrilá-ticas. São muito utilizadas em consertos de pequenos objetos de louça, ferro, metal, entre outros materiais com baixa porosidade. Sua secagem é muito rápida, não permitindo correções após a junção das partes. Pode ser utilizada na colagem da madeira balsa. Porém, por ser líquida, pode escorrer pela peça e deixar marcas no envernizamento, prejudicando o acabamento.

Cola quente é o nome pelo qual é conhecida a cola termo-fundível. Sua aplicação requer uma pistola elétrica que aquece os bastões de cola, derretendo-os por alguns segundos. Isso torna obrigatória a rapidez na colagem.

Após o resfriamento, a cola forma um fio endurecido com espessura superior a 0,5 mm, o que pode comprometer o acabamento de alguns revestimentos. Por esta razão é mais utilizada na montagem de bases e estruturas. Proporciona resistência tanto ao papel quanto à madeira balsa, ao co-laminado etc.

A *cola para EPS* é produzida à base de PVA (acetato de polivinila) e álcool. É específica para a colagem do mesmo, mas pode ser utilizada em papel por assemelhar-se à cola branca quanto à composição.

Ferramentas e utensílios

Para trabalharmos com o material proposto, necessitamos de:

Material de desenho técnico

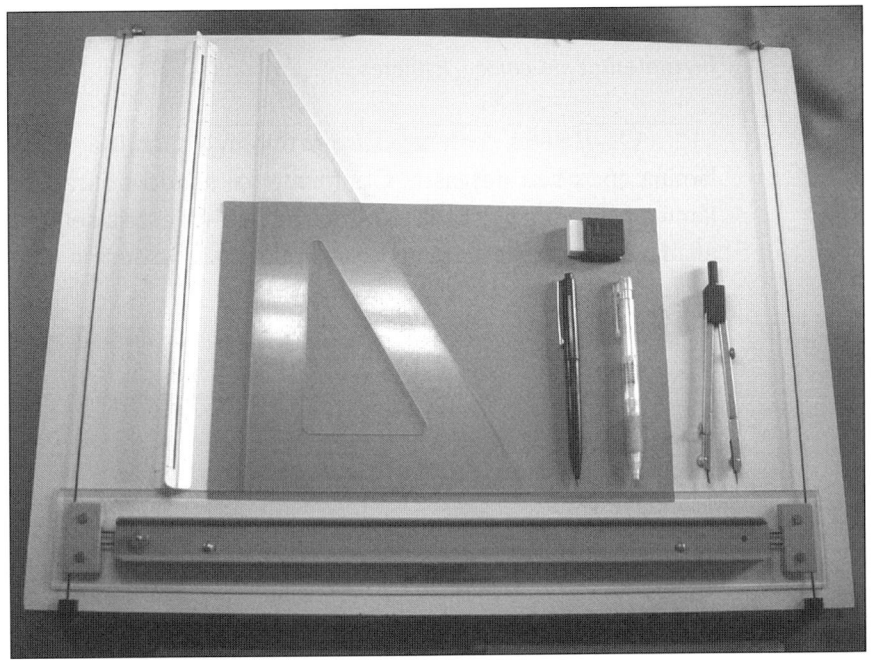

O equipamento de desenho garantirá a precisão das peças e o melhor aproveitamento do material.

Para o desenho das peças nas chapas do material, precisamos de uma prancheta com régua paralela ou uma mesa com uma régua T. Para complementar a régua paralela (ou a régua T), usaremos esquadros em acrílico de tamanho médio (45° e 30/60°). O compasso será utilizado na transferência de medidas e no traçado de figuras circulares.

O grafite utilizado na lapiseira será determinado de acordo com o material em que for traçada a maquete. Os mais utilizados são 0,3 e 0,5 - HB e B. Se os traços não ficarem visíveis, podemos utilizar um grafite mais macio como 2B, por exemplo.

Os escalímetros utilizados são os de n.° 1 e 2 por apresentarem as escalas referentes a arquitetura e engenharia. O tamanho do escalímetro fica a critério do maquetista, que deve optar por aquele que lhe oferecer maior conforto.

A borracha plástica é ideal para correções no desenho. A caneta-borracha é útil na remoção de pontos indesejados no desenho sem comprometer os demais traços.

Ferramentas de corte - Estiletes

Os *estiletes convencionais* permitem a substituição da lâmina após seu desgaste. Conforme vai sendo utilizada, a lâmina pode ser picotada para que sua ponta esteja sempre afiada. Alguns apresentam trava de lâmina, que será fundamental em nosso trabalho.

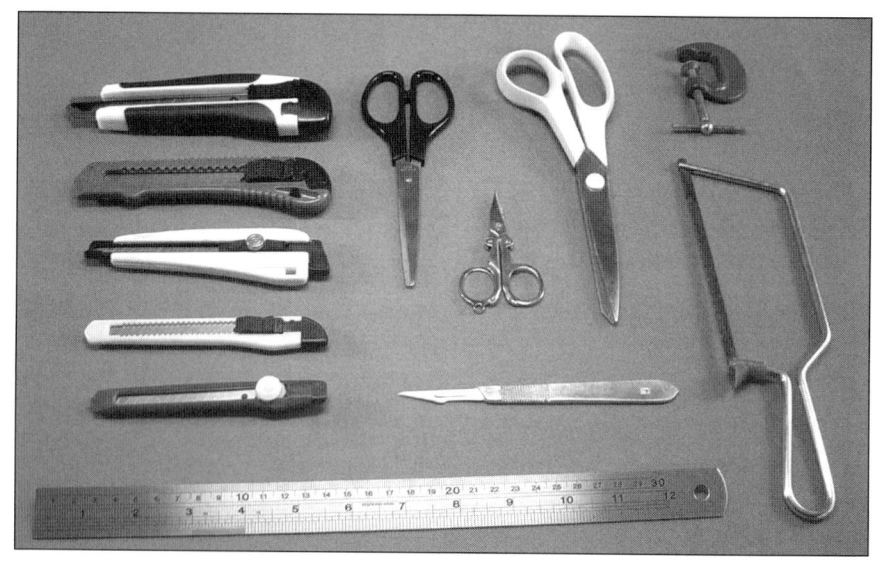

Para recorte de pequenas fendas e cantos onde a lâmina com ponta se faz necessária podemos utilizar *bisturis com lâminas descartáveis* que são facilmente encontrados em lojas de material cirúrgico e têm preço acessível.

Para recortes em linha reta utilizamos *uma régua guia (de acrílico ou aço)*, que será utilizada somente para este fim.

O estilete deve ter uma trava de lâmina para impedir que a mesma se recolha ou se desloque durante o corte.

Ferramentas de corte - Tesouras

O tamanho da tesoura será o de sua preferência. Porém a *tesoura para corte de papel* não deve ser a mesma que utilizamos para *cortar tecido*. O papel consome o fio da tesoura com maior rapidez e comprometerá o corte do tecido. A *tesoura de picotar* poderá ser utilizada no corte de tecido para que o mesmo não desfie após a aplicação nas maquetes e miniaturas. Para o recorte de peças muito pequenas, pode-se usar uma *tesoura para unha*.

Ferramentas de corte - Minisserra de arco e grampos tipo "C"

A madeira balsa que apresenta espessura acima de 2 mm não deve ser recortada com estilete. A lâmina ocasiona quebra da placa e falha no acabamento final. Para esta tarefa, utilizamos a *minisserra de arco*, que executa o trabalho sem problemas. Ela será necessária também no recorte de cilindros de madeira e tubos de alumínio.

Os pequenos *grampos C* são necessários para fixar peças durante a colagem e para segurar peças para corte com a serra de arco. Esta fixação garante maior precisão na montagem e recorte da maquete.

Pincéis, espátulas e pinças

Utilizaremos *pincéis para aplicação de cola, tintas e vernizes*.

Para aplicação de cola em pequenas superfícies, recomendo um pincel chato e estreito com pêlos firmes e não muito longos. Para superfícies maiores, utilizamos uma trincha de 1 polegada com pêlo macio. Estes pincéis não devem ser de primeira qualidade, pois a cola pode secar e inutilizar o pincel. Devem ser usados pincéis descartáveis com pêlos firmes para tal finalidade.

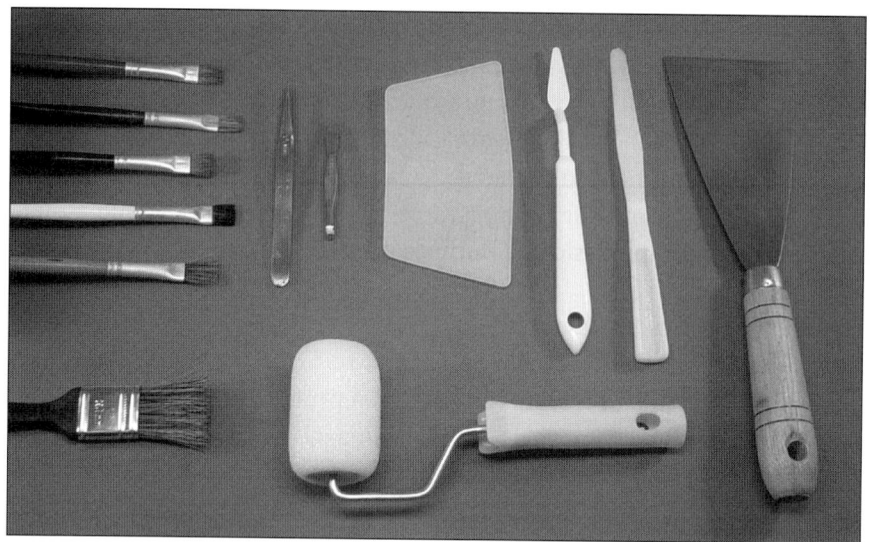

Para tintas e vernizes pode-se usar um pincel chato mas com pêlos macios que facilitem o deslizamento. Para esta aplicação devemos utilizar pincéis de boa qualidade com pelo macio como pêlo de pônei e orelha de boi, por exemplo. Os melhores são os pincéis de pêlo de marta, mas todos são encontrados em lojas de material artístico e artesanato.

As *espátulas de plástico* estreitas e longas são utilizadas para homogeneizar as tintas e vernizes.

A *espátula para artes plásticas* será aplicada nas correções em massa e gesso das peças.

A *espátula para cola de contato* deve ser resistente ao solvente da mesma e pode ser substituída por um pedaço de laminado plástico ou material similar.

As *pinças* são ótimas auxiliares em trabalhos de colagem e montagem de peças onde nossos dedos não podem ajudar. Por proporcionar este alcance, garante melhor precisão e acabamento à peça. O tipo de pinça a ser utilizado depende das peças que serão montadas e da preferência do maquetista. Tenha à sua disposição *pinças com pontas e comprimentos diferentes* para que qualquer dificuldade seja resolvida na execução do trabalho. A maioria das pinças utilizadas é de aço inoxidável, proporcionando grande durabilidade e resistência ao instrumento.

Lixas e MinirRetífica Elétrica

A madeira, o papel e algumas pinturas necessitam de lixação para um melhor acabamento. A *lixa* deve ser escolhida considerando o material a ser lixado. Para lixar a maioria dos materiais utilizamos a lixa para massa na cor vermelha ou a lixa de uso universal na cor branca. A madeira deve ser lixada sempre no sentido dos veios. Considere as indicações do fabricante quanto ao tipo de lixa que deve ser utilizada para cada material.

Quanto maior a numeração, mais fina será a lixa. A lixação deve ser feita seguindo-se a seqüência grossa – média – fina para que as ranhuras da lixa mais grossa sejam eliminadas pela lixa mais fina. A lixa grossa remove tintas velhas e regulariza superfícies. Para remoções moderadas usa-se a lixa média que preparará o nivelamento da superfície. A lixa fina dará o acabamento final antes da pintura ou envernizamento.

O *lixador* é um instrumento indispensável na lixação de superfícies planas. A utilização da folha de lixa sem um suporte pode provocar irregularidades incorrigíveis na superfície. Podemos também utilizar lixadores com formatos cilíndricos em superfícies arredondadas. O formato do lixador deve sempre favorecer o acabamento e simplificar o trabalho do maquetista.

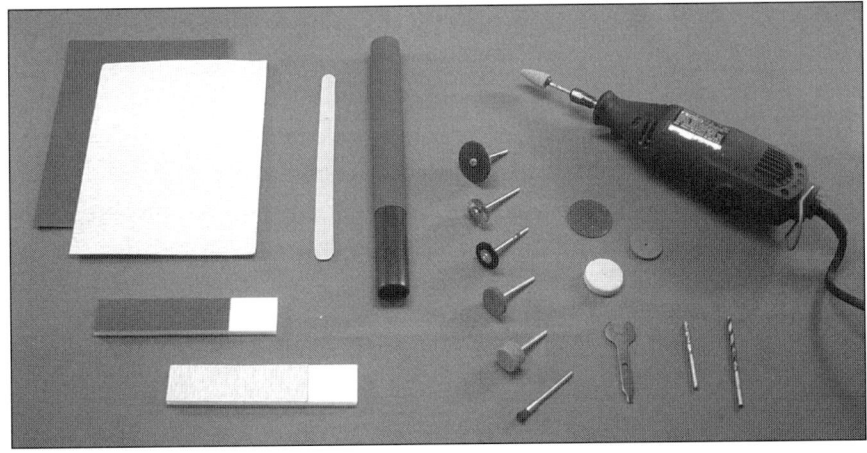

A *lixa para unha* pode ser útil no acabamento de pequenas partes onde nossos dedos não alcançam.

Em alguns casos, o uso da minirretífica garante agilidade e qualidade no acabamento do trabalho. Em geral é vendido com kit de acessórios que permite sua utilização em diversas atividades como corte, recorte, lixação e perfuração das peças com alta precisão e sem grandes esforços. Deve ser utilizada com cautela como qualquer outra ferramenta elétrica.

Aerógrafo

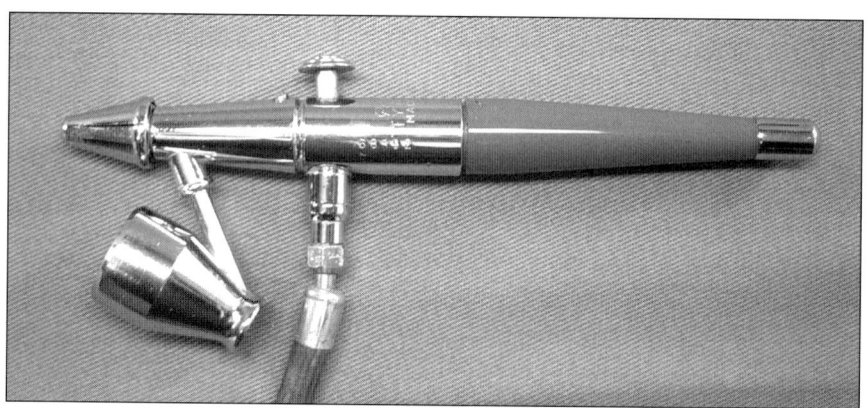

Este equipamento assemelha-se a um revólver de pintura de pequeno porte. Pode ser descrito como uma caneta ligada a um compressor de ar. Nesta caneta estão o reservatório de tinta e o gatilho que controla o jato de ar e tinta. Com o aerógrafo obtemos uma pintura uniforme, sem marcas de pincel, semelhante a pintura automotiva. Com o controle de pressão, podemos criar efeitos diferenciados: granulados, sombreamento etc.

O aerógrafo pode ser encontrado em diversos modelos e com compressores de diversas capacidades.

Informações importantes

Corte e recorte dos materiais

O corte dos materiais, tanto na estrutura como no acabamento, deve ser executado preferencialmente com régua e estilete. A tesoura só deve ser utilizada no recorte de superfícies arredondadas ou acabamentos onde a utilização do estilete não seja possível.

Há uma tendência do maquetista em "apoiar-se" no estilete no momento de refilar (cortar) o material. Isso se deve à insegurança que temos quanto à exatidão do corte. Para um corte adequado, devemos ter uma lâmina sempre nova e afiada que não necessite demasiada pressão sobre o estilete. Mesmo porque o material nunca deve ser cortado em toda a sua espessura com uma única "passada" da lâmina. O mais importante é manter a régua guia bem firme e passar o estilete suavemente na linha desejada várias vezes para que o mesmo atravesse o papel sem necessidade da aplicação de força.

O controle da pressão sobre o estilete é obrigatório em outras etapas do trabalho. Em papéis como o duplex onde as planificações precisam de abas de colagem, faz-se necessário refilar levemente nos vincos destas abas. Esse procedimento garante precisão e melhor acabamento à peça.

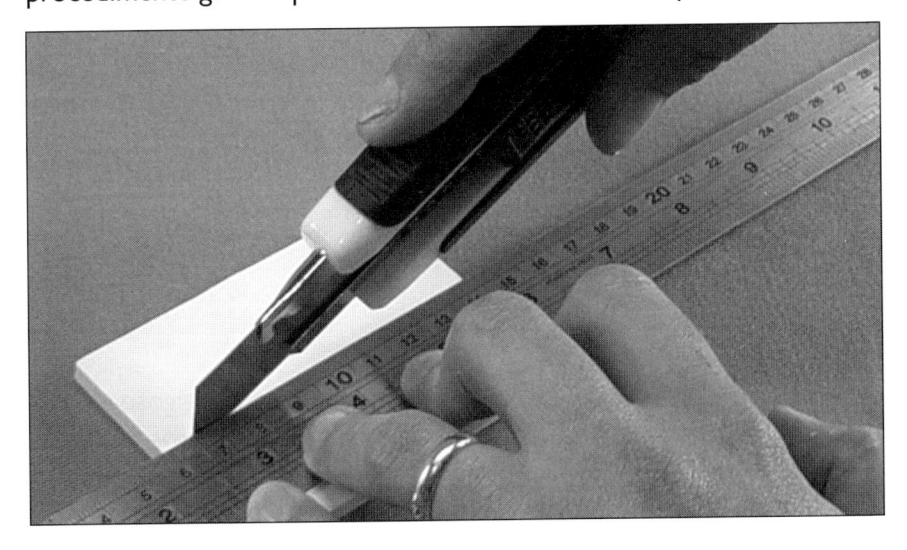

Para o corte de materiais com espessura acima de 0.5 mm, a lâmina do estilete deve permanecer a 90° em relação à placa que está sendo cortada. Qualquer inclinação no corte pode comprometer a montagem final.

Diluição de tintas e vernizes

As porcentagens de diluição destes produtos trazem dúvidas quanto à quantidade que devemos misturar do produto e de seu diluente. Esta diluição pode ser indicada de duas formas:

1. "Diluir a tinta a 30%" : isto significa que em 1 litro de tinta adicionaremos 300 ml de diluente, ou seja, 30% de diluente em 100% de produto.
2. "Dilua o produto na proporção 3:1" : isto significa 3 partes do produto para 1 de diluente.

Conservação de materiais

Materiais como tintas e colas exigem cuidados:

» Armazene as embalagens abertas em locais frescos e longe do alcance de crianças.
» Tampe-as corretamente para evitar a secagem do material e, conseqüentemente, perda e desperdício. Para tal, mantenha o bocal dos aplicadores de cola e o encaixe da tampa das latas livre de resíduos. Se necessário, mude o produto para outra embalagem que permita fechamento adequado.

O armazenamento dos materiais para estrutura e revestimento exige um local livre de pó e umidade.

Segurança no trabalho

Alguns produtos utilizados em maquetaria são perigosos e podem causar danos à sua saúde. Quando manipular produtos químicos, utilize luvas que possam proteger suas mãos de solventes e máscara para reduzir os fortes odores de colas e tintas. Recolha as lâminas dos estiletes quando não estiver utilizando-os. Em caso de ingestão ou contato inadequado com qualquer produto, siga as instruções do rótulo e procure atendimento médico imediatamente.

Plotters e impressoras que agilizam seu trabalho

Janelas, portas, pisos e outros padrões de revestimento são obtidos com maior rapidez e qualidade quando utilizamos o computador. Em alguns projetos o mesmo padrão de piso ou esquadria se repete em mais de um cômodo. Com a facilidade de reprodução oferecida pelo micro podemos imprimir o mesmo desenho inúmeras vezes, em várias escalas e com alta qualidade em todas as cópias.

Podem ser utilizados softwares de ilustração ou programas com padrão CAD (Computer Aided Design). O importante é que os desenhos estejam na escala da maquete que se quer confeccionar.

Praticando

A MELHOR FORMA DE conhecermos a arte da maquetaria é praticando suas técnicas. Para tal, proponho a execução de maquetes que apresentam alguns dos principais elementos componentes de projetos arquitetônicos e decorativos. Com estes projetos, exercitaremos as principais fases da execução de uma maquete, do projeto ao resultado final.

Tenha certeza que foram muitos erros e acertos antes de definir, ao meu ver, a melhor forma de executar algumas das tarefas citadas a seguir. Obviamente não esgotei as possibilidades. Ao contrário, espero que haja questionamentos e novas descobertas para que todos possamos aperfeiçoar a execução de nossas maquetes.

Antes de executar algum dos exercícios propostos, leia todas as instruções atentamente para depois iniciar a execução. Este procedimento garante a resolução de dúvidas e um melhor planejamento das tarefas.

PROJETO 1 - TERRENO

1ª Proposta

» Maquete topográfica volumétrica
» Escala 1:250

Materiais

» 6 placas de EPS com 5 mm de espessura
» 1 placa de EPS com espessura 15 mm para a base
» Cola branca ou cola para EPS
» Massa corrida
» Gesso em pó
» Tinta branca à base de água
» Vegetação volumétrica em escala

Ferramentas e utensílios

- » 1 bastão de giz de cera
- » 1 estilete – tamanho de sua preferência
- » 1 bisturi cirúrgico – sugestão: lâmina n° 11
- » 1 régua para corte
- » Lixadores planos com lixas n° 150 e 220
- » Lixa n° 220 e 360
- » 1 pincel para cola
- » 1 pincel para tinta
- » 1 rolo de fita adesiva - fita crepe
- » 1 tesoura
- » Alfinetes para costura n° 29
- » Espátula para massa

Passos para execução

Planejamento

A execução desta maquete segue os seguintes passos:

A) Montagem das camadas do terreno
B) Acabamento das camadas
C) Implantação da vegetação

A) Montagem das camadas do terreno

1. Para este tipo de trabalho são necessárias 2 cópias do projeto: ao menos uma delas deve estar na escala em que a maquete será executada (neste caso 1:250). Usa-se esta cópia como molde para o recorte das camadas. (consulte métodos e técnicas - maquetes topográficas)
2. Inicie pela camada mais baixa. A primeira camada deve ter o tamanho total do projeto e deve ter espessura maior que as demais. Utilize a placa com 15 mm de espessura para esta camada.
3. As demais camadas devem ser recortadas da seguinte forma: coloque o molde sobre o material e trace seu contorno com

o bastão de giz de cera. Em seguida recorte o molde retirando esta primeira camada já traçada. Anote na camada recortada no EPS seu respectivo número. Posicione o molde em outro local do material e trace a 2ª camada. Recorte o molde retirando a camada que acabou de traçar e assim por diante:

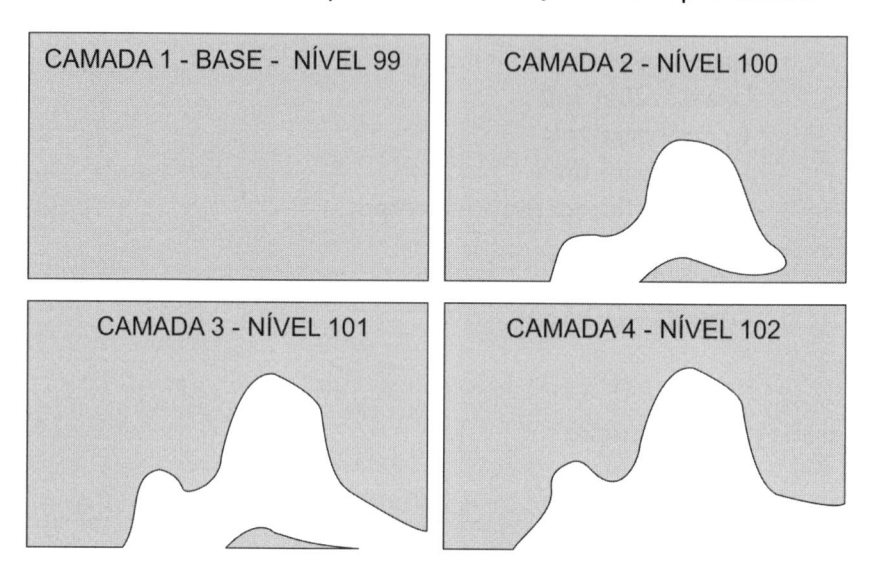

CAMADA 1 - BASE - NÍVEL 99	CAMADA 2 - NÍVEL 100
CAMADA 3 - NÍVEL 101	CAMADA 4 - NÍVEL 102

4. A cada camada traçada no EPS, recorte-a do molde e trace a seguinte. Proceda desta forma até a última camada.
5. As camadas que não atingem as bordas da maquete não apresentam ângulos retos (90°) dificultando seu posicionamento na colagem. É necessário marcar o local onde estas peças serão coladas. Proceda da seguinte forma:
6. Retire a camada do molde recortando-a e deixando o "buraco" com o formato da mesma.
7. coloque o molde sobre a camada inferior já traçada no EPS e marque com o giz de cera o lugar onde a camada será colada.
8. Recorte as camadas do EPS com o estilete nas partes retas e com o bisturi nas curvas.
9. Depois de recortadas, as camadas são sobrepostas e coladas de acordo com o projeto. Alinhe as camadas pelas bordas verificando a perpendicularidade das laterais. Para a colagem utilize cola branca. Aplique a cola em apenas uma das superfícies, possibilitando ajuste de posições durante a montagem. Se de-

sejar, utilize alfinetes em alguns pontos para auxiliar na fixação durante a colagem. Estes alfinetes não devem ser colocados perpendicularmente às camadas, mas sim em travamento (na diagonal). Não deixe as cabeças dos alfinetes à mostra, esconda-as no próprio EPS.

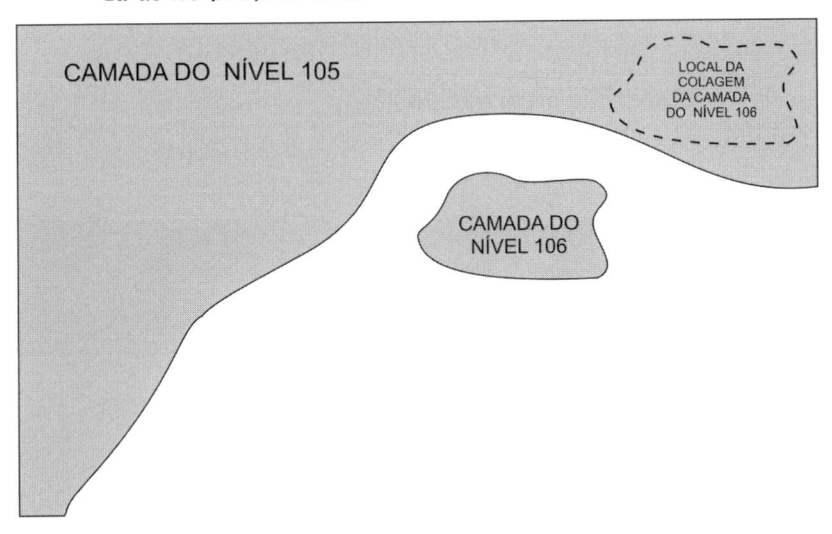

[Diagrama: CAMADA DO NÍVEL 105, LOCAL DA COLAGEM DA CAMADA DO NÍVEL 106, CAMADA DO NÍVEL 106]

B)   Acabamento das camadas

1. Após a secagem total da cola, aplique massa corrida (diluída a 10% em água) com pincel em todas as camadas. Aplique várias demãos, respeitando intervalo de secagem ao toque entre elas. Após a aplicação e secagem completa de no mínimo 4 demãos, lixe com lixa n° 220. Se não conseguir esconder a textura do EPS, aplique mais algumas demãos de massa repetindo o processo. Assim que a textura for coberta pela massa, lixe suavemente com lixa n° 360, deixando-a pronta para aplicação de tinta.
2. Nas laterais, aplique a massa com gesso (consulte métodos e técnicas – preparo de massa com gesso). Espalhe-a com os dedos ou espátula molhada criando uma textura. Se surgirem rachaduras após secagem, preencha-as com essa mesma massa. Não é necessário lixar.
3. Com toda a massa seca (inclusive as laterais), aplique tinta branca à base de água em toda a maquete. (sugestão: tinta látex)

C) *Implantação da vegetação*

1. Após a secagem da tinta, coloque a vegetação nos lugares indicados no projeto (consulte métodos e técnicas – montagem de complementos - vegetação)

Materiais alternativos

Co-laminado e EVA

O co-laminado e o EVA podem substituir o EPS com a vantagem de não precisarem do tratamento com massa.

O co-laminado é recortado e montado com cola branca. Deve-se ter cuidado no recorte de curvas fechadas devido à resistência do material. Algumas imperfeições podem ser corrigidas com lixa n° 220 e com lixadores próprios para curvas.

Para implantar a vegetação, faz-se necessário perfurar a maquete no lugar de cada uma das árvores antes de introduzi-las no co-laminado. A resistência do material pode provocar a quebra dos palitos de madeira que compõem as árvores.

Durante a execução da maquete o co-laminado pode ter sua superfície manchada pela cola. Neste caso, ele pode ser revestido com um dos papéis para revestimento na cor que desejar (Consulte – métodos e técnicas - Revestimento em co-laminado).

O EVA é facilmente recortado com estilete ou até mesmo tesoura. Para a 1ª camada (base), utilize um EVA mais espesso. As camadas devem ser coladas com cola de contato, tomando-se muito cuidado para não sujar o EVA, que dispensa acabamento na superfície.

Madeira balsa

A madeira balsa é comercializada em placas com largura aproximada de 80 mm. Essa largura é inferior à largura da maioria das camadas deste terreno. Para solucionar este problema selecione algumas placas que apresentem a mesma tonalidade e intensidade de cor e monte chapas juntando-as pela lateral com a técnica da junta seca. Devido à sua fina espessura, faz-se necessário uni-las com fita crepe pelo lado que receberá a cola.

Os veios das placas de madeira devem ficar paralelos entre si, ou seja, todos na mesma direção. A semelhança na cor e mesma direção dos veios criam a impressão de termos uma placa única de madeira balsa com a largura que desejarmos.

Quando a escala for pequena, não é necessária a construção de uma base quadriculada. Apenas uma placa de madeira balsa sustenta a maquete adequadamente.

ATENÇÃO: as camadas devem ser posicionadas considerando o sentido dos veios da madeira. Não deixe os veios perpendiculares entre uma camada e outra para não comprometer esteticamente a maquete. Para evitar erros, marque no molde algumas linhas que cruzem todas as camadas indicando o sentido dos veios. No momento de posicionar o molde no material é só verificar se estas linhas coincidem com o sentido dos veios.

Para a colagem utilize cola de contato, que não precisa prensagem para total aderência. Aplique a cola em apenas uma das superfícies, possibilitando ajuste de posições durante a montagem. Aguarde a secagem total da cola para aplicar o acabamento. Antes de envernizar, verifique se as faces retas não precisam ser lixadas.

Aplique 2 camadas de verniz poliuretano fosco diluído de acordo com as especificações do fabricante. O verniz pode ser aplicado a pincel ou aerógrafo. Se desejar reduzir a aspereza da madeira, lixe a superfície com lixa 400 antes da aplicação da 2ª camada do verniz.

Cartão Microondulado

O cartão microondulado pode ser usado em maquetes de estudo que não exijam acabamento.

A espessura do cartão deve ter a altura do desnível das camadas do terreno. Por ser um material barato permite recortes e reposição de camadas durante o estudo.

2ª Proposta

» Maquete topográfica figurativa
» Escala 1:200

Materiais

» 10 placas de EPS com espessura 5mm
» 1 placa de EPS com espessura 15mm para a base
» Gesso em pó
» Tinta a base de água nas cores verde, marrom e preta
» Serragem colorida nas cores verde e marrom
» Vegetação figurativa em escala

Ferramentas e utensílios

» 1 bastão de giz de cera
» 1 estilete – tamanho de sua preferência
» 1 bisturi cirúrgico – sugestão: lâmina n° 11
» 1 régua para corte
» Lixadores planos com lixas n° 150 e 220
» Lixa n° 220
» 1 pincel para cola
» 1 pincel para tinta

- » 1 rolo de fita adesiva - fita crepe
- » 1 tesoura
- » Alfinetes para costura n° 29
- » Espátula para massa

Passos para execução

Planejamento

A execução desta maquete segue os seguintes passos:

A) Montagem das camadas do terreno
B) Nivelamento das camadas
C) Revestimento da superfície
D) Implantação da vegetação

A) Montagem das camadas do terreno

Siga as instruções com este mesmo título da maquete anterior para compor o terreno.

B) Nivelamento das camadas

1. Após a secagem total da cola, corrija as imperfeições das laterais planas com lixa n° 150 e lixador plano. (consulte métodos e técnicas – montagem dos lixadores)
2. Recorte a borda de cada uma das curvas das camadas para suavizar os degraus de nível. Este recorte pode ser feito com estilete ou bisturi.
3. Para suavizar os degraus formados pelas curvas de nível, usaremos a massa de gesso (consulte métodos e técnicas – preparo de massa de gesso). Aplique esta massa nas laterais e sobre as camadas do terreno fazendo com que os degraus formados pelas placas desapareçam. Espalhe-a com os dedos ou espátula molhada modelando o terreno. Se surgirem rachaduras após a secagem, preencha-as com a mesma massa.

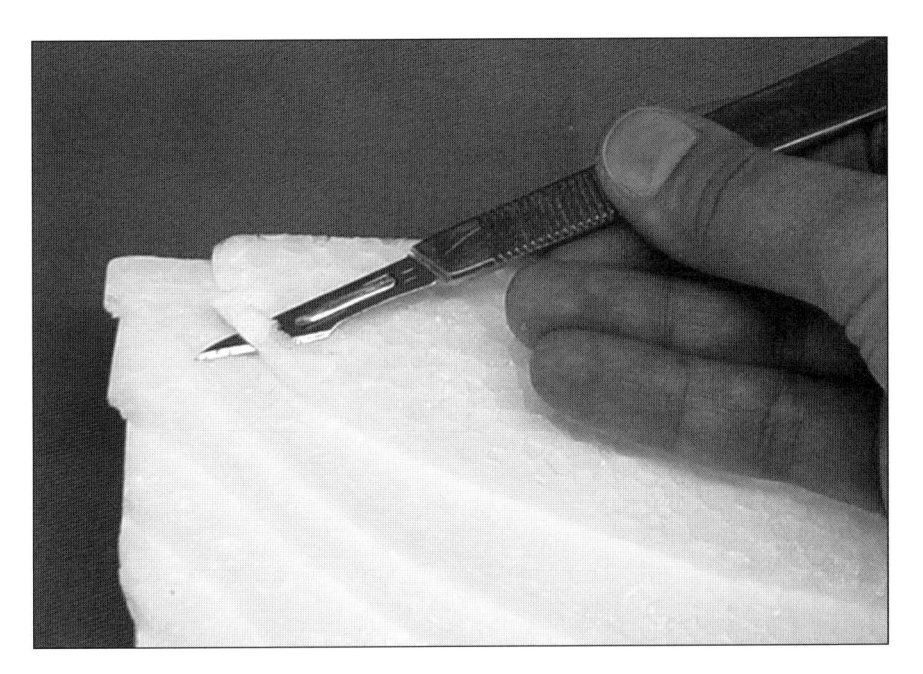

4. Após a secagem do gesso, pinte-o com tinta na cor verde.
5. Depois da tinta seca, pincele a cola branca em uma pequena parte da superfície e aplique a serragem colorida. Repita este procedimento até cobrir toda a superfície.
6. Aplique 2 demãos de verniz spray fosco sobre a serragem para minimizar o descolamento.
7. Dê o acabamento nas laterais com tinta preta. Após a secagem, aplique verniz poliuretano fosco para aumentar a resistência da base.

C) *Implantação da vegetação*

Perfure a camada de gesso revestida de serragem e coloque a vegetação. (consulte métodos e técnicas – montagem de complementos – vegetação)

PROJETO 2 - FÁBRICA

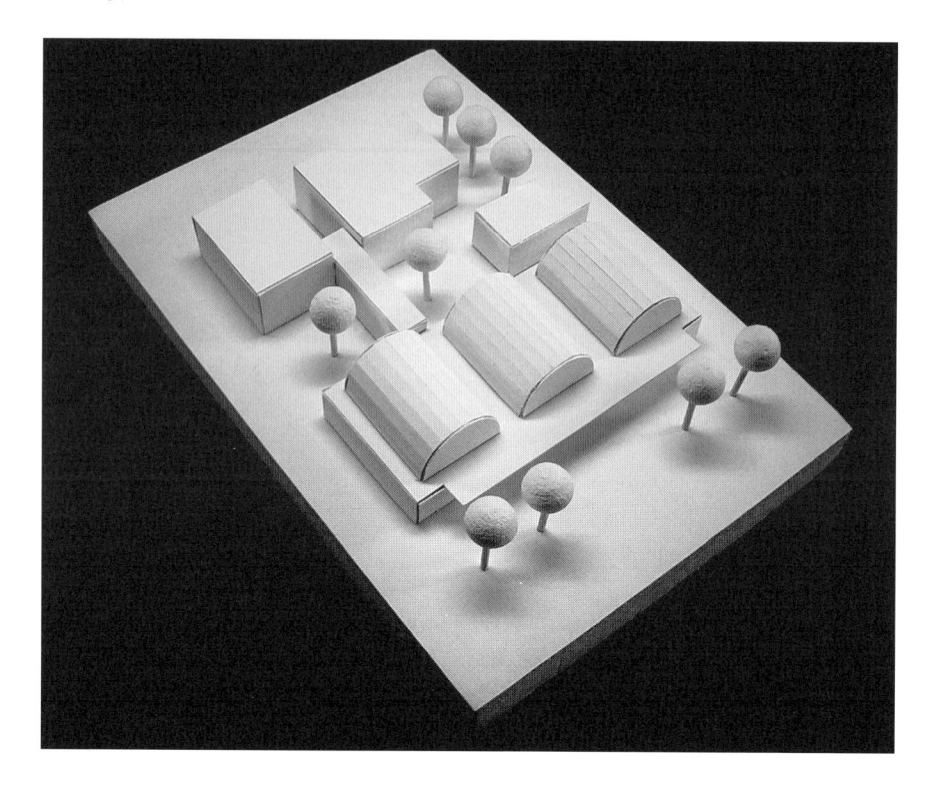

1ª Proposta

» Maquete volumétrica de edificação
» Escala 1:500

Materiais

» 1 folha de papel duplex
» Placa de EPS com 15 mm espessura no tamanho da base
» Cola branca
» vegetação volumétrica branca em escala

Ferramentas e utensílios

» Material de desenho técnico
» 1 rolo de espuma – 10 cm

- » 1 estilete
- » 1 régua de corte
- » 1 pincel para cola

Passos para execução

Planejamento

A execução desta maquete segue os seguintes passos:

A) Montagem da base
B) Montagem dos edifícios
C) Implantação dos edifícios e da vegetação

A) Montagem da base

1. Recorte a placa de EPS no tamanho da implantação do projeto
2. Desenhe a planta do projeto no duplex, marcando o lugar onde serão colocados os edifícios e a vegetação. Recorte-o para que tenha as mesmas dimensões do EPS.
3. Aplique a cola branca com rolo de espuma na placa de EPS. Cole o duplex no EPS, pressionando-o com cuidado para não formar bolhas. Coloque algum objeto sobre a placa até completar a secagem (um livro, por exemplo).

B) Montagem dos edifícios

1. Considere os edifícios do projeto como um conjunto de sólidos geométricos básicos. Com as dimensões de cada uma das partes, planifique os sólidos com suas respectivas dobras e abas de colagem (consulte métodos e técnicas – sólidos básicos e suas planificações).
2. Recorte, dobre e monte os sólidos para posteriormente agrupá-los de acordo com o projeto. Não esqueça de passar o estilete nas dobras para um melhor acabamento na montagem das peças.

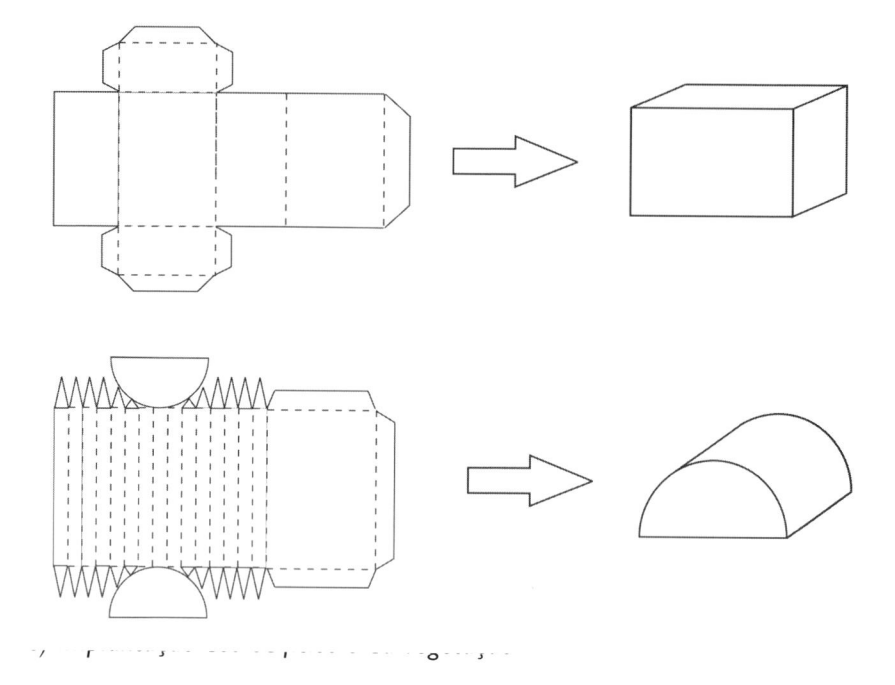

1. Cole os edifícios e implante a vegetação nos lugares indicados na base. (consulte métodos e técnicas – montagem de complementos – vegetação)

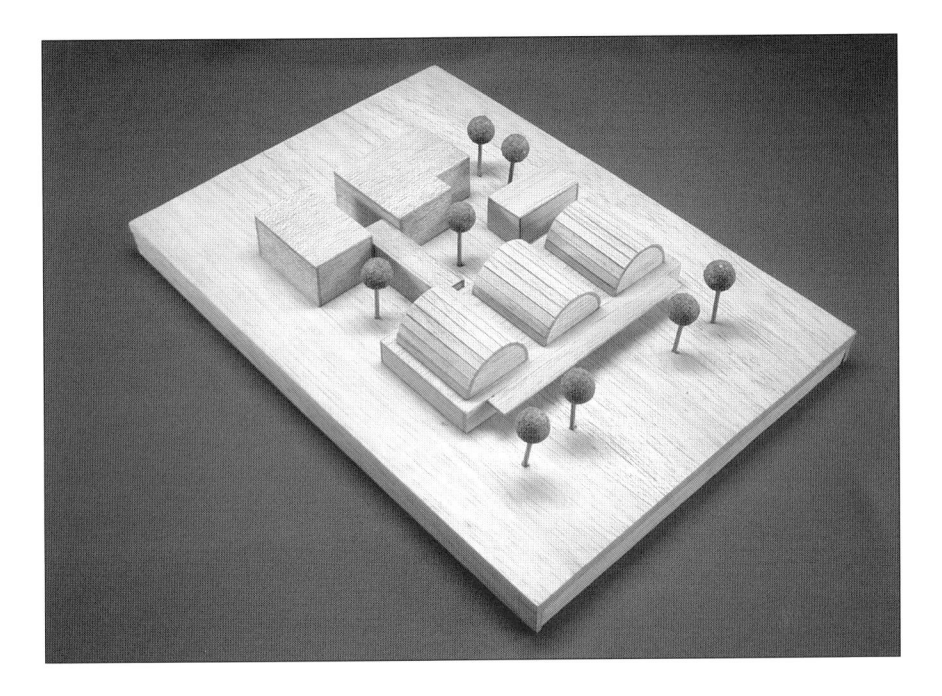

2ª Proposta

» Maquete volumétrica de edificação
» Escala 1:400

Materiais

» 3 placas de madeira balsa - espessura: aprox. 5 mm
» 2 placas de madeira balsa - espessura: aprox. 1.5 mm
» 1 placa de madeira balsa - espessura: aprox. 2.5 mm
» Cola branca
» Cola quente
» Verniz P.U. fosco
» Vegetação volumétrica em escala

Ferramentas e utensílios

» Material de desenho técnico
» 1 rolo de fita crepe
» Pincel para cola

> » Pincel para verniz
> » Lixadores com lixa n° 150 e 220
> » Lixa n° 150 e 220
> » 1 estilete
> » 1 régua de corte
> » Minirretífica elétrica

Passos para execução

Planejamento

A execução desta maquete segue os seguintes passos:

A) Montagem da base
B) Montagem dos edifícios
C) Implantação dos edifícios e vegetação

A) Montagem da base (consulte métodos e técnicas – montagem padrão de bases)

1. Certifique-se de que as placas de madeira balsa c/ 5 mm de espessura tenham o mesmo comprimento (100 m em escala). Retire as imperfeições das pontas das placas c/ lixa 150. (consulte métodos e técnicas – montagem dos lixadores)
2. Una as placas pela lateral com a técnica da junta seca (consulte métodos e técnicas – utilizando técnicas de marcenaria). Reforce as junções com pequenas placas de madeira coladas na face que ficar voltada para baixo. A base de madeira não é muito extensa e não se deforma com facilidade. Por essas razões faz-se necessária somente a colocação das travessas laterais e uma travessa central para sustentação da base.

Essas travessas são cortadas em madeira balsa com 2,5 mm de espessura.

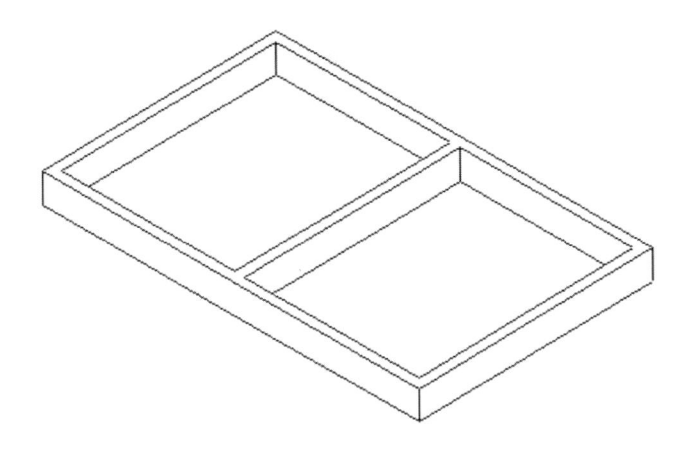

B) *Montagem dos edifícios*

1. Considere os edifícios do projeto como um conjunto de sólidos geométricos básicos.
2. Com as dimensões de cada uma das partes, planifique os edifícios considerando a espessura de 1,5 mm do material. (consulte métodos e técnicas – sólidos básicos e suas planificações)

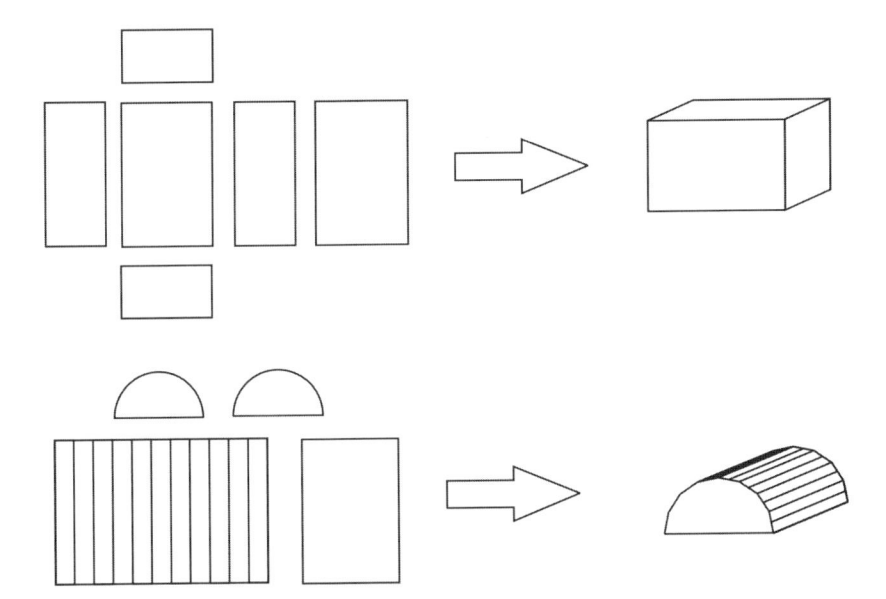

3. Recorte com estilete e monte os sólidos para posteriormente agrupá-los de acordo com o projeto.
4. Perfure a base com auxílio da minirretífica e coloque a vegetação na base nos lugares indicados. Para fixar a vegetação nos furos use cola quente por baixo da base (consulte métodos e técnicas – montagem de complementos - vegetação).

Materiais alternativos

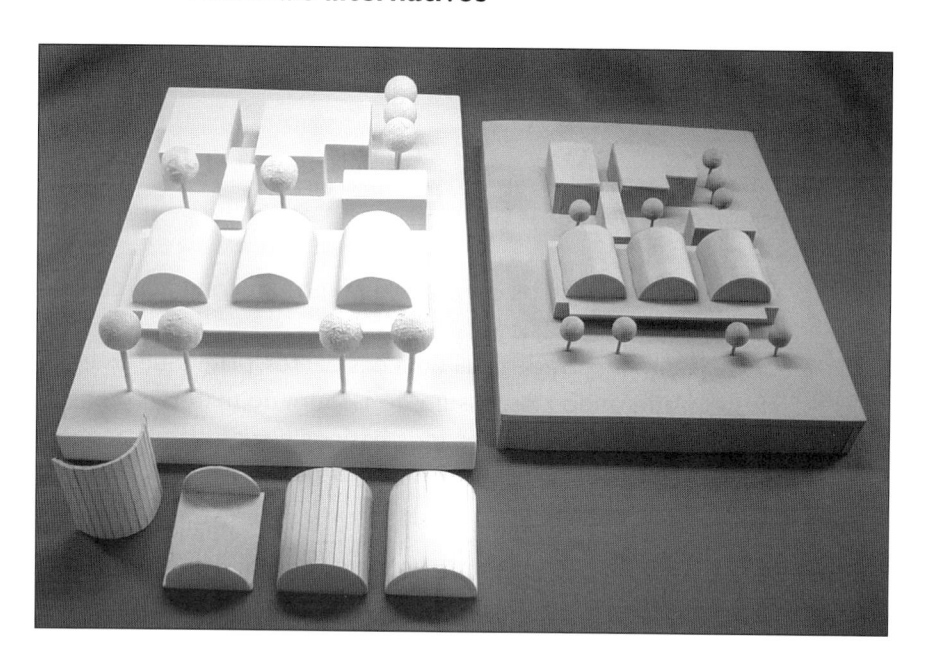

Cartão Paraná

O cartão paraná possui uma superfície áspera que dificulta um bom acabamento. Para um bom resultado, proceda da seguinte forma:

Após a montagem e total secagem da cola, aplique uma demão de goma laca em toda a maquete. Em seguida, aplique uma camada de massa corrida diluída a 10% em água por toda superfície, principalmente nas costas das peças cilíndricas. Após secagem, lixe para nivelar a superfície. Não é necessário que a massa cubra todo o papel, somente que a aspereza da superfície seja reduzida. Pinte com tinta à base de água na cor que desejar. A vegetação deve ser da mesma cor da maquete.

A planificação dos sólidos deve considerar a espessura do material.

EVA e cortiça

O EVA e a cortiça são boas opções para este tipo de maquete por moldarem-se às superfícies arredondadas e não necessitarem acabamento de superfície.

PROJETO 3- CENTRO CULTURAL

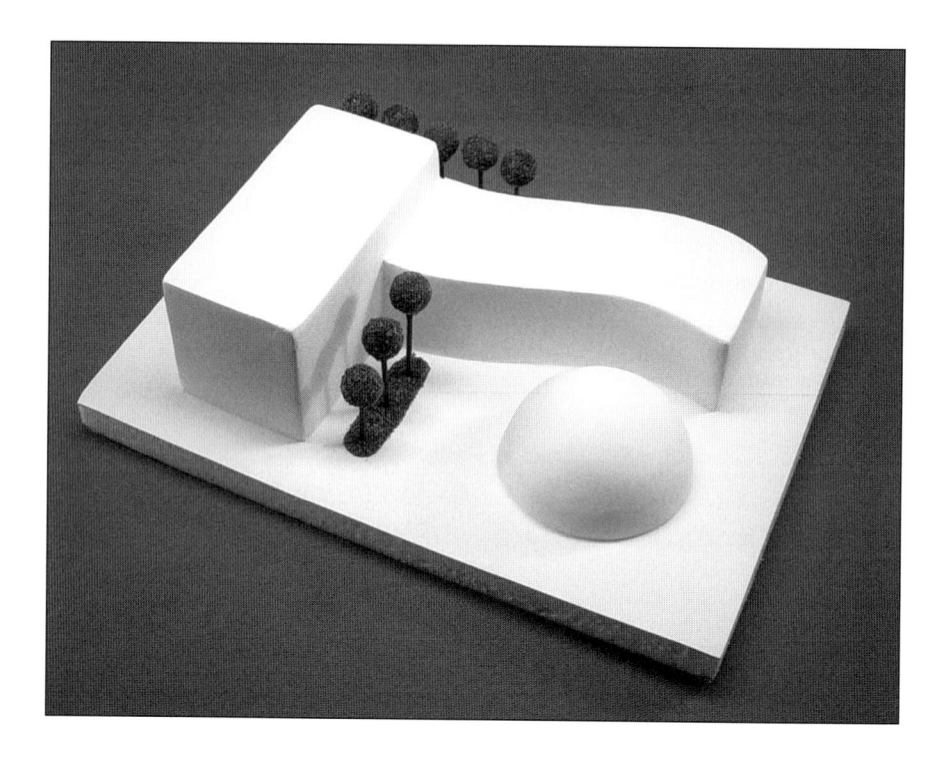

Proposta

» Maquete volumétrica de edificação
» Escala 1:750

Materiais

» 1 placa EPS com 20 mm de espessura do tamanho da base
» ½ bola de EPS com 70 mm de diâmetro
» Cola branca.
» 1 folha de papel duplex do tamanho da base
» Massa corrida diluída 10%
» Palito de churrasco
» Serragem verde
» Tinta branca e verde à base de água
» Vegetação volumétrica em escala

Ferramentas e utensílios

» Lixa 150, 220 e 360
» Lixadores 150 e 220
» Material de desenho
» Estilete
» Espátula para massa
» Régua para corte
» Pincel para cola
» Pincel para massa
» Pincel para tinta
» Aerógrafo (opcional)

Passos para execução

Planejamento

A seqüência da montagem desta maquete resume-se em:

A) Montagem da base
B) Montagem da estrutura dos edifícios
C) Montagem final e acabamento

A) Montagem da base

1. Recorte a placa de EPS no tamanho da implantação do projeto
2. Desenhe a planta do projeto no duplex, marcando o lugar onde serão colocados os edifícios e a vegetação. Recorte-o para que tenha as mesmas dimensões do EPS.
3. Aplique a cola branca com rolo de espuma na placa de EPS. Cole o duplex no EPS, pressionando-o com cuidado para não formar bolhas. Coloque algum objeto sobre a placa até completar a secagem (um livro, por exemplo).

B) *Montagem da estrutura dos edifícios*

1. Desenhe e recorte no papel duplex o molde com o desenho da planta baixa dos edifícios. Coloque o molde sobre o EPS e recorte com o estilete acompanhando o contorno.
2. A altura dos edifícios é obtida pela sobreposição das placas de EPS. A espessura do EPS forma o edifício com a altura indicada no projeto na escala da maquete. Neste caso foram usadas 2 placas em cada edifício para formar a altura.

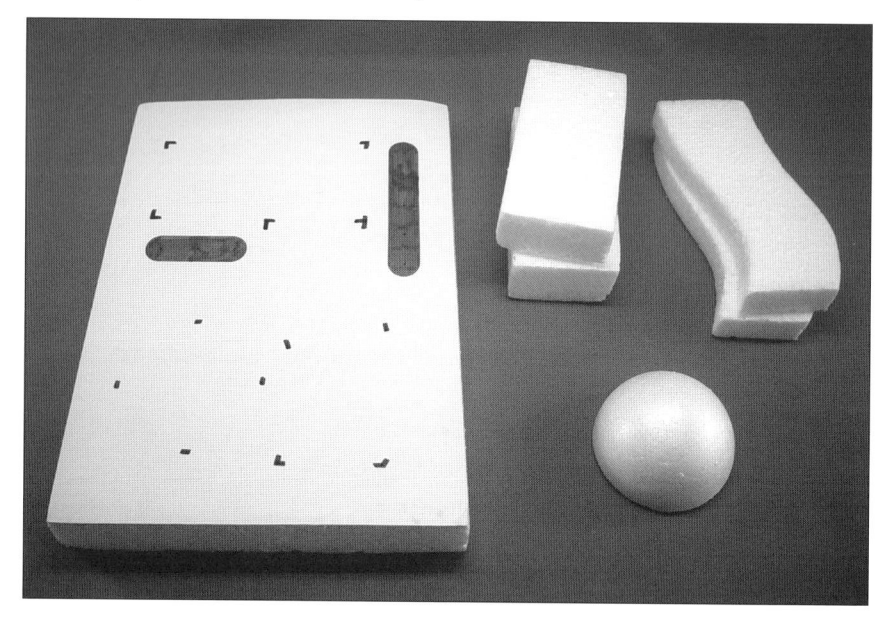

3. Se necessário, lixe as superfícies para nivelar os lados planos e retirar imperfeições do EPS. (consulte métodos e técnicas – montagem dos lixadores)
4. Cole as camadas com cola branca. Se desejar, utilize alfinetes em alguns pontos para auxiliar na fixação durante a colagem. Estes alfinetes não devem ser colocados perpendicularmente às camadas, mas sim em travamento (na diagonal). Não deixe as cabeças dos alfinetes à mostra, esconda-as no próprio EPS.
5. Lixe suavemente o papel duplex com lixa n° 220

C) *Montagem final e acabamento*

1. Cole os edifícios nos lugares indicados na base. Espere secar.

2. Após a secagem da cola, aplique massa corrida (diluída a 10% em água) com pincel por toda a maquete. Aplique várias demãos, respeitando intervalo de secagem ao toque entre elas. Após a aplicação e secagem completa de no mínimo 3 camadas, lixe com lixa n° 220. Se não conseguir esconder a textura do EPS, aplique mais algumas demãos de massa repetindo o processo.
3. Assim que a textura do EPS for coberta pela massa, lixe suavemente com lixa n° 360, deixando-a pronta para aplicação de tinta.
4. Pinte os edifícios e a base com tinta branca à base de água. A tinta pode ser aplicada com pincel ou aerógrafo.
5. Aplique tinta verde nos canteiros indicados na base. Após a secagem, aplique cola branca e jogue serragem cobrindo toda a cola.
6. Coloque as árvores nos lugares indicados. (consulte métodos e técnicas – montagem de complementos – vegetação)

PROJETO 4 - CASA TÉRREA

Proposta

- » Maquete de edificação figurativa
- » Escala 1:50

Materiais

- » 1 placa de co-laminado
- » 1 placa de EPS com 20 mm espess.
- » cola branca
- » cola de contato
- » cola quente
- » 1 folha de acetato
- » 1 pinça
- » Papéis para revestimento nos padrões desejados
- » Serragem
- » Serragem na cor verde
- » Tinta à base de água nas cores marrom, verde e bege
- » 1 folha de papelão microondulado na cor do telhado ou papel telha
- » Massa corrida
- » Gesso

Ferramentas e utensílios

- » Material de desenho técnico
- » 1 estilete
- » 1 bisturi – lâmina 11
- » 1 bastão de giz de cera
- » Lixadores com lixa n° 150 e 220
- » Lixa n° 150 e 220
- » Pincel para cola
- » Pincel para tinta

Passos para execução

Planejamento

A execução desta maquete pode ser dividida em:

A) Montagem da Base
B) Topografia do Terreno
C) Montagem da Casa – Paredes e Pisos
D) Esquadrias
E) Montagem da Casa: Telhado
F) Piscina
G) Escada e Varanda
H) Paisagismo

A casa se divide em 2 partes onde o telhado serve como tampa e permite a visualização interna.

O corte é feito à altura do pé direito – 2,70 m.

A) Montagem da Base

1. Monte uma base quadriculada em co-laminado com as dimensões do terreno. Neste caso, as travessas com 1,5 cm de largura são suficientes. Divida a base da seguinte forma com na figura da página anterior. (consulte métodos e técnicas – montagem padrão de bases)

B) Topografia do Terreno (consulte métodos e técnicas – maquetes topográficas)

1. Sobre a base, monte a topografia do terreno com o EPS. São necessárias 2 cópias do projeto de topografia do terreno: ao menos uma delas deve estar na escala em que a maquete será executada (neste caso 1:50). Usa-se esta cópia como molde para o recorte das camadas.
2. Inicie pela camada mais baixa. A primeira camada deve ter o tamanho total do projeto, ou seja, o tamanho da base quadriculada.
3. As demais camadas devem ser recortadas da seguinte forma: coloque o molde sobre o material e trace seu contorno com o bastão de giz de cera. Em seguida recorte o molde retirando esta primeira camada já traçada. Anote na camada recortada no co-laminado seu respectivo número. Posicione o molde em outro local do material e trace a 2ª camada. Recorte o molde retirando a camada que acabou de traçar e assim por diante:
4. A cada camada traçada no EPS, recorte-a do molde e trace a seguinte. Proceda desta forma até a última camada. A vala da piscina deve ser aberta nesta etapa.
5. Depois de recortadas, as camadas são sobrepostas de acordo com o projeto para verificação das camadas antes da colagem. Prenda-as somente com alfinetes para que possamos desmontá-la em seguida. Marque em cada camada o lugar da camada imediatamente superior antes do próximo passo.
6. Recorte a borda de cada uma das camadas para suavizarmos os degraus das curvas de nível. Este recorte pode ser feito com estilete ou bisturi.
7. Para a colagem utilize cola branca. Aplique a cola em apenas uma das superfícies possibilitando ajuste de posições durante a montagem. Se desejar, utilize alfinetes em alguns pontos para

auxiliar na fixação durante a colagem. Estes alfinetes não devem ser colocados perpendicularmente às camadas, mas sim em travamento. Não deixe as cabeças dos alfinetes à mostra, esconda-as no próprio EPS.

8. Após a secagem total da cola, corrija as imperfeições das laterais planas com lixa n° 150 e lixador plano (consulte métodos e técnicas – montagem dos lixadores).

9. Para suavizar os degraus formados pelas curvas de nível, usaremos a massa de gesso (consulte métodos e técnicas – preparo da massa com gesso). Aplique esta massa nas laterais e sobre as camadas do terreno fazendo com que os degraus formados pelas placas desapareçam. Espalhe-a com os dedos ou espátula molhada modelando o terreno. Se surgirem rachaduras após a secagem, preencha-as com a mesma massa.

C) *Montagem da Casa – Paredes e Pisos*

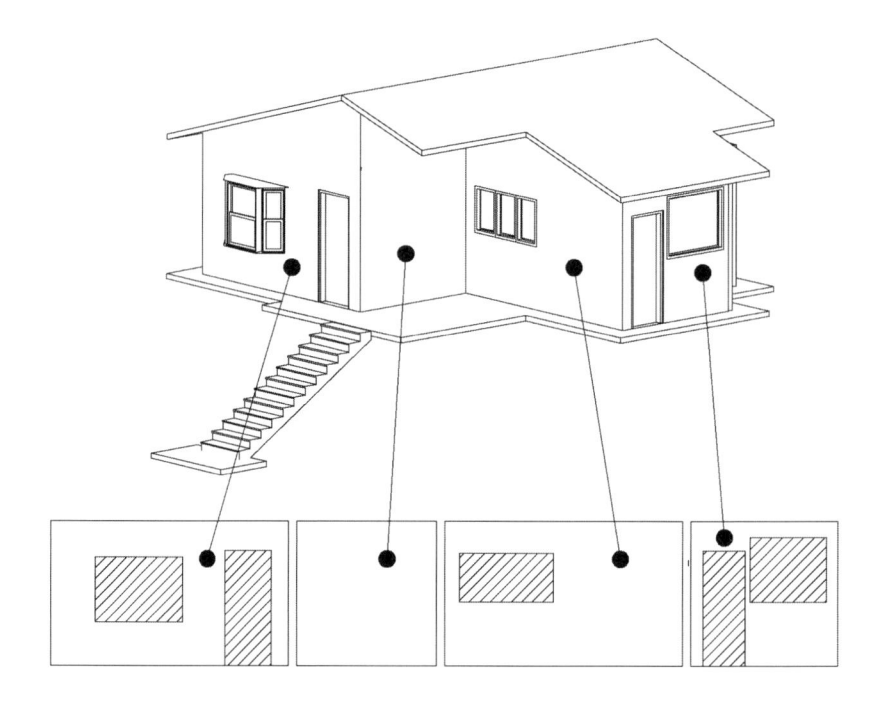

1. Trace no co-laminado o piso da casa incluindo a calçada a toda volta e a varanda. Reproduza a planta sinalizando paredes e portas.
2. Sinalize no projeto as paredes internas e externas. Desenhe todas as paredes com pé direito = 2,70 m e com suas respectivas portas e janelas. As paredes externas terão a espessura de 20 cm na escala e as internas, 15 cm. Devido a esta diferença podemos usar placas de co-laminado com espessuras diferentes ou considerar todas as paredes com 20 cm. O telhado será montado separadamente.
3. Recorte as paredes abrindo os buracos das janelas e portas. Muito cuidado com os recortes dos cantos dessas aberturas. Faça sempre cortes dos cantos para o centro com o bisturi.

4. Escolha as cores e padrões dos revestimentos internos dos pisos e paredes e aplique os revestimentos com cola de contato. (consulte métodos e técnicas – revestimento em co-laminado). Não cubra o lugar das paredes no piso. Marque o lugar das portas no piso com tiras de papel em cor diferente, formando as soleiras.
5. As paredes externas podem ser pintadas com uma mistura de tinta com um pouco de serragem para imitar textura.

D) Esquadrias

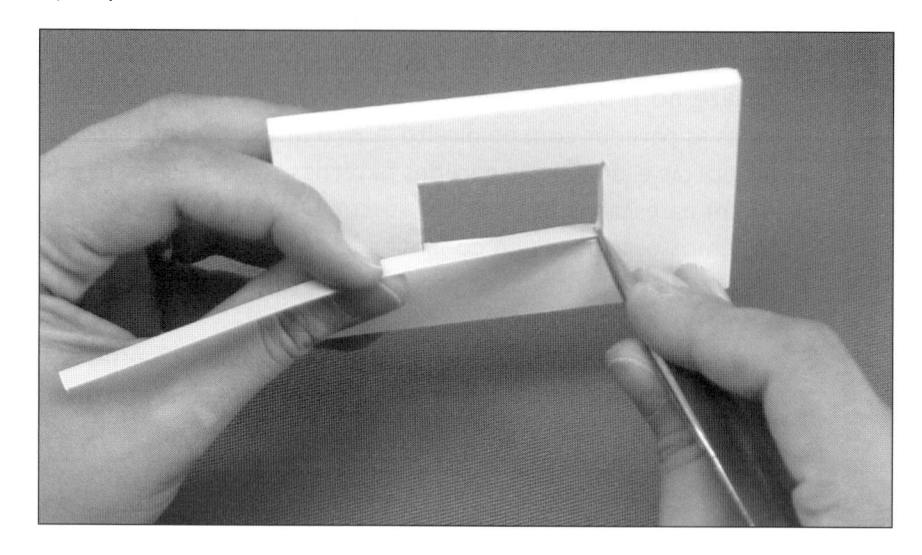

1. Escolha o papel que quer usar nas portas e janelas.
2. Recorte tiras deste papel com largura igual à espessura do co-
-laminado e revista os vãos das esquadrias.
3. Desenhe as esquadrias considerando os vãos deixados nas paredes. Para cada vão são utilizadas duas esquadrias com o mesmo desenho. Elas são recortadas e coladas da seguinte forma:

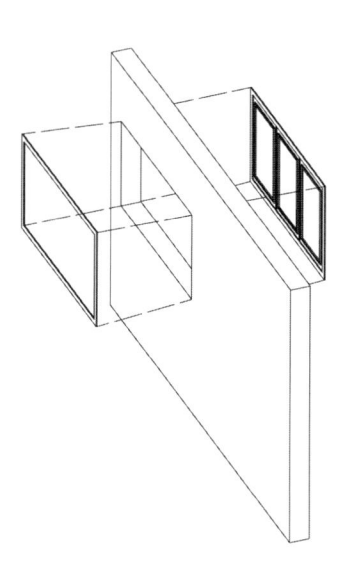

4. Depois de aplicadas as esquadrias, cole as paredes na placa de piso observando o encaixe entre elas. (consulte métodos e técnicas – encaixes em co-laminado)

E) *Montagem do telhado*

1. Desenhe no co-laminado as peças que compõem o telhado, ou seja, a base e as laterais.
2. Monte o telhado usando o encaixe para co-laminado a 90°. (consulte métodos e técnicas – encaixes em co-laminado)
3. Recorte o papelão microondulado no tamanho do telhado com o beiral. Para criar o efeito visual das telhas, as ondas do microondulado devem ficar no sentido horizontal.
4. Com um objeto pontiagudo (uma tampa de caneta, por exemplo) marque as telhas com largura de 20 cm em escala, de cima para baixo em relação ao telhado.

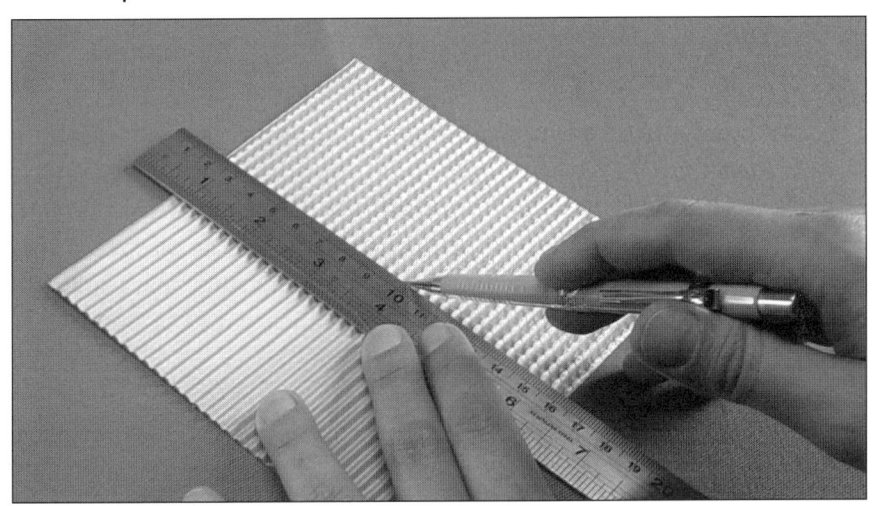

5. Cole o microondulado em um papel de revestimento na mesma cor das esquadrias.
6. Cole o microondulado na estrutura do telhado.
7. Para que o telhado se encaixe com exatidão ao corpo da casa, cole 2 pequenos quadrados na base do telhado em pontas opostas. Isso permitirá que a maquete seja transportada sem retirar o telhado do lugar.

F) *Piscina*

1. Monte as paredes da piscina planificando-a como uma caixa e monte-a.
2. Corte 2 placas de acetato com as mesmas dimensões do fundo da piscina. Entre elas, coloque um pedaço de plástico transparente (saco plástico comum) bem amassado para imitar a água. Coloque uma gota de cola branca em cada canto para que elas não se soltem.
3. Recorte 4 L's em acetato com 8 X 4 mm aprox.
4. Cole estes L's nos quatro cantos da piscina na altura da água. Eles sustentarão as placas de acetato que imitam a água.
5. Coloque uma gota de cola branca em cada um dos L's e cole as placas de acetato com o plástico.
6. Recorte uma folha de duplex no tamanho do deck. Escolha um padrão de revestimento e cole com cola de contato no duplex e recorte os excessos.
7. Cole a caixa da piscina por baixo, no buraco do deck e, em seguida, cole-o na base da maquete com cola branca encaixando no lugar reservado na base.

Maquetes & Miniaturas

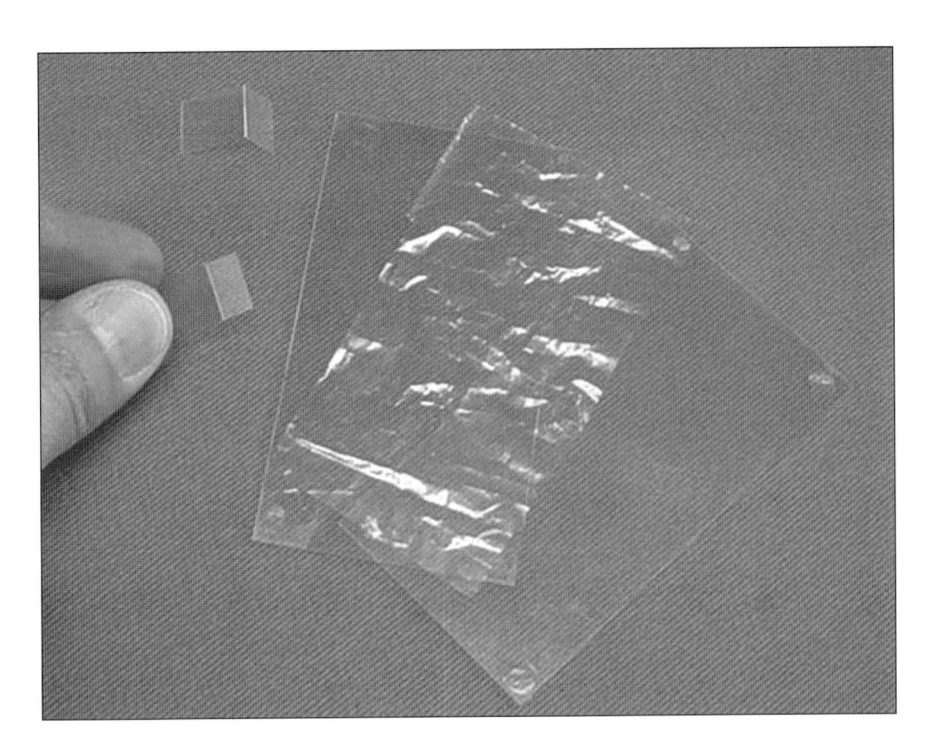

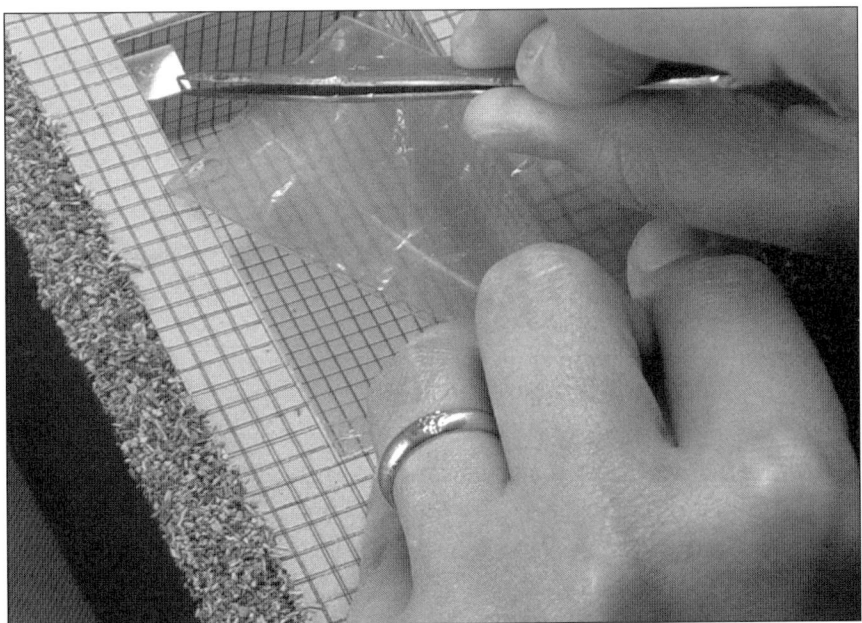

G) Escada e Varanda

A escada é montada com a sobreposição dos degraus em co--laminado.

1. Desenhe os degraus com um espaço onde o degrau superior será colado.

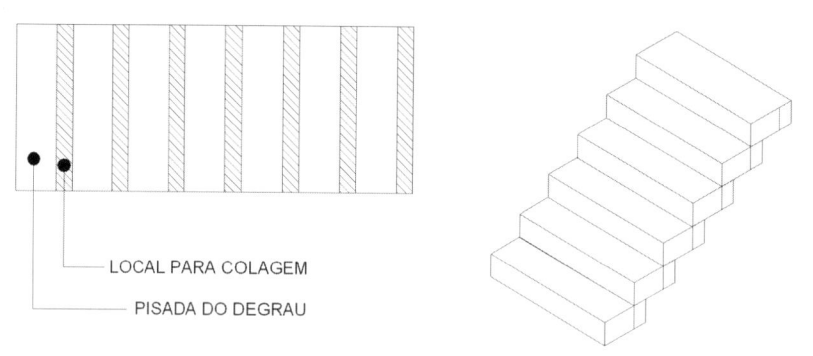

LOCAL PARA COLAGEM
PISADA DO DEGRAU

2. Para revestir a escada, cole uma tira de papel de revestimento depois da escada montada, envolvendo todos os degraus. Nas laterais, cole o papel com o perfil da escada já desenhado e recortado.
3. Cole a escada junto à varanda de acordo com o projeto.

H) Paisagismo

1. Sobre o gesso seco, aplique a tinta na cor verde.
2. Depois da tinta seca, pincele a cola branca em uma pequena parte da superfície e aplique a serragem colorida. Repita este procedimento até cobrir toda a superfície.
3. Aplique 2 demãos de verniz spray fosco sobre a serragem para minimizar o descolamento.
4. Dê o acabamento nas laterais com tinta preta. Após a secagem, aplique verniz poliuretano fosco para aumentar a resistência da base. (consulte métodos e técnicas – montagem de complementos - vegetação)
5. Implantação da vegetação: perfure a camada de gesso revestida de serragem e implante as árvores e arbustos nos lugares indicados

Materiais alternativos

Madeira balsa

Para simular uma casa pré-fabricada em madeira, utilize a madeira balsa com 4 mm de espessura no lugar do co-laminado. As esquadrias são montadas em papel ou madeira balsa de 1 mm.

ATENÇÃO: as paredes devem ser posicionadas considerando o sentido dos veios da madeira. Não deixe os veios perpendiculares entre si para não comprometer esteticamente a maquete. Cuidado ao abrir os espaços para janelas e portas. Recorte com cuidado a madeira para que esta não se quebre.

Aplique 2 camadas de verniz poliuretano fosco diluído de acordo com as especificações do fabricante. O verniz pode ser aplicado a pincel ou aerógrafo. Se desejar reduzir a aspereza da madeira, lixe a superfície com lixa n° 400 antes da aplicação da 2ª camada do verniz.

PROJETO 5 - TENDA

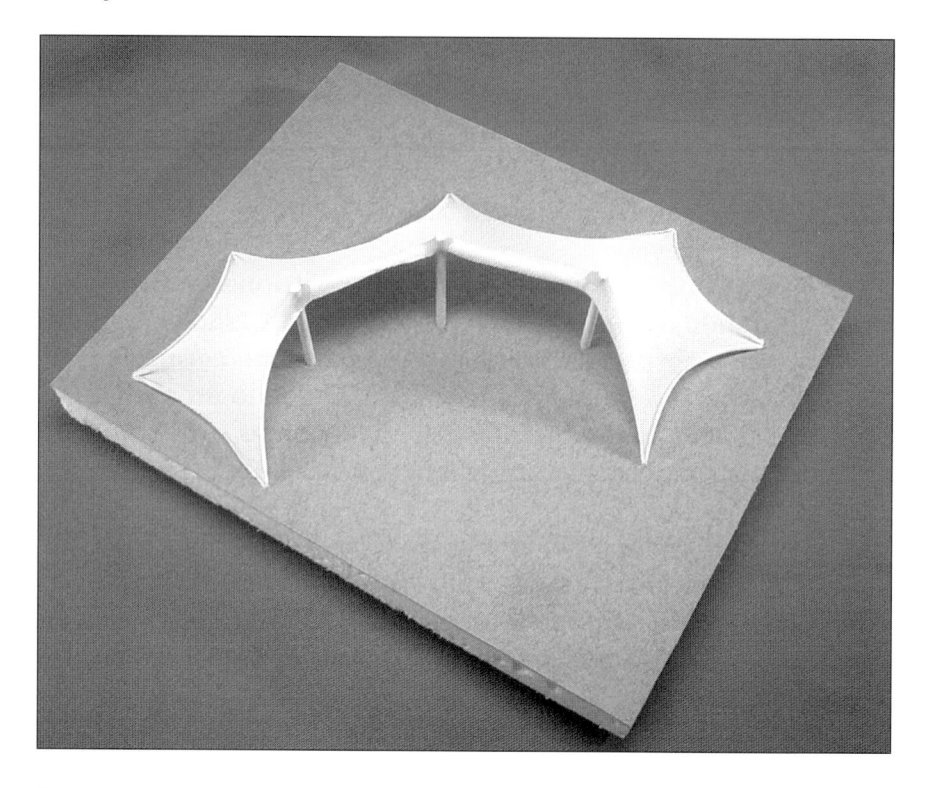

Proposta

- » Maquete volumétrica de edificação
- » Escala 1:200

Materiais

- » 1 retalho de meia feminina de nylon na cor branca
- » 1 palito de churrasco
- » Linha n° 10 para costura na cor branca
- » Tinta branca a base de água
- » 1 placa de EPS com 20 mm espessura para a base
- » 1 folha de papel duplex para a base
- » Cola branca
- » Cola quente

Ferramentas e utensílios

- » 1 estilete
- » material de desenho técnico
- » 1 agulha de costura
- » 1 régua para corte
- » 1 rolo de espuma – 10 cm
- » 1 pincel para tinta
- » lixador plano com lixa n° 150
- » 1 tesoura
- » 1 bastão de giz de cera

Passos para execução

Planejamento

Neste caso o objetivo é mostrar apenas a cobertura. A montagem desta maquete resume-se em:

A) Montagem da base
B) Montagem da cobertura.

A) Montagem da base

1. Recorte a placa de EPS num tamanho suficiente que comporte a cobertura em toda a sua extensão (implantação).
2. Desenhe a planta da cobertura no duplex, marcando o lugar onde serão colocados os pilares e os tirantes. O duplex deve ser recortado no mesmo tamanho do EPS.
3. Aplique a cola branca com rolo de espuma na placa de EPS. Cole o duplex no EPS, pressionando-o o suficiente para não formar bolhas. Coloque algum objeto sobre a placa até completar a secagem (um livro, por exemplo).

B) Montagem da estrutura

1. Corte os palitos de churrasco em 3 partes. Estes são os pila-

res de sustentação da cobertura. Cada pilar deve ter a altura indicada no projeto e mais 8 mm para implantação na base. Nestes 8 mm faça uma ponta com o estilete para instalar o pilar na base. Dê acabamento com lixa e pinte-os com tinta branca.
2. Perfure o duplex da base e coloque os palitos de churrasco nos lugares indicados
3. Recorte a meia de nylon no formato da planta baixa da tenda reduzindo sua extensão em 50%.
4. Faça furos com a agulha no duplex da base atravessando o EPS. Marque o lugar dos furos com caneta hidrográfica.
5. Coloque a tenda sobre os pilares e inicie sua instalação. Para isso, é preciso a agulha de costura com linha.
6. Escolha uma de suas pontas e faça um nó com a linha de costura. Passe a agulha com a linha pelo furo na base esticando o 1° ponto da cobertura.
7. Em seguida, leve a agulha para o furo mais próximo, introduzindo-a para esticar outra ponta da cobertura. Passe a agulha com a linha pela ponta da cobertura e retorne-a pelo mesmo furo. Proceda desta forma em todos os furos.

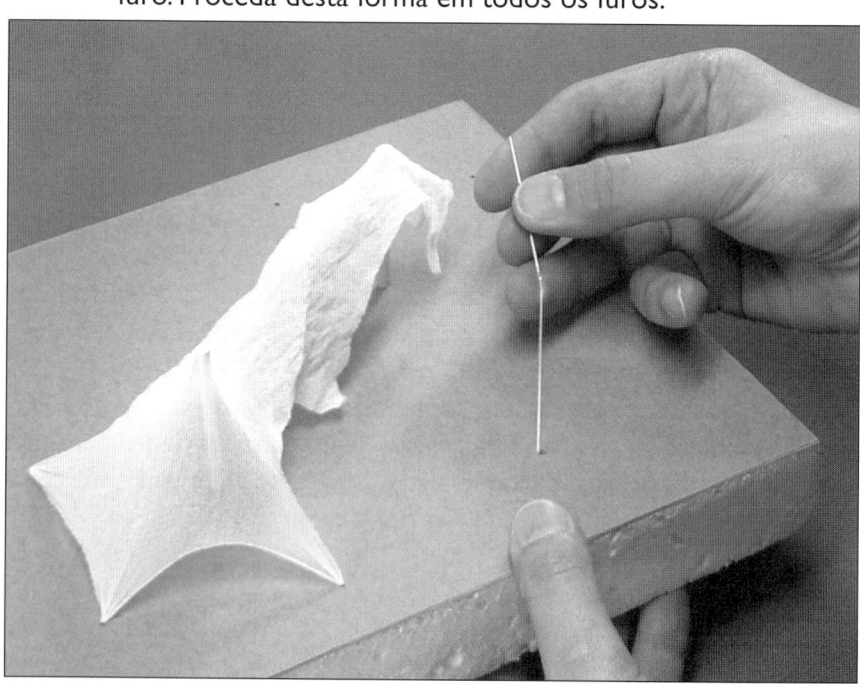

8. No último dos furos e na última ponta, faça o arremate com um nó no tecido da tenda.
9. Volte a agulha com linha pelo mesmo furo e corte a linha. Coloque uma pequena quantidade de cola quente nos furos por baixo da base para garantir que as linhas não se rompam.

PROJETO 6 - COBERTURA COM ESTRUTURA METÁLICA

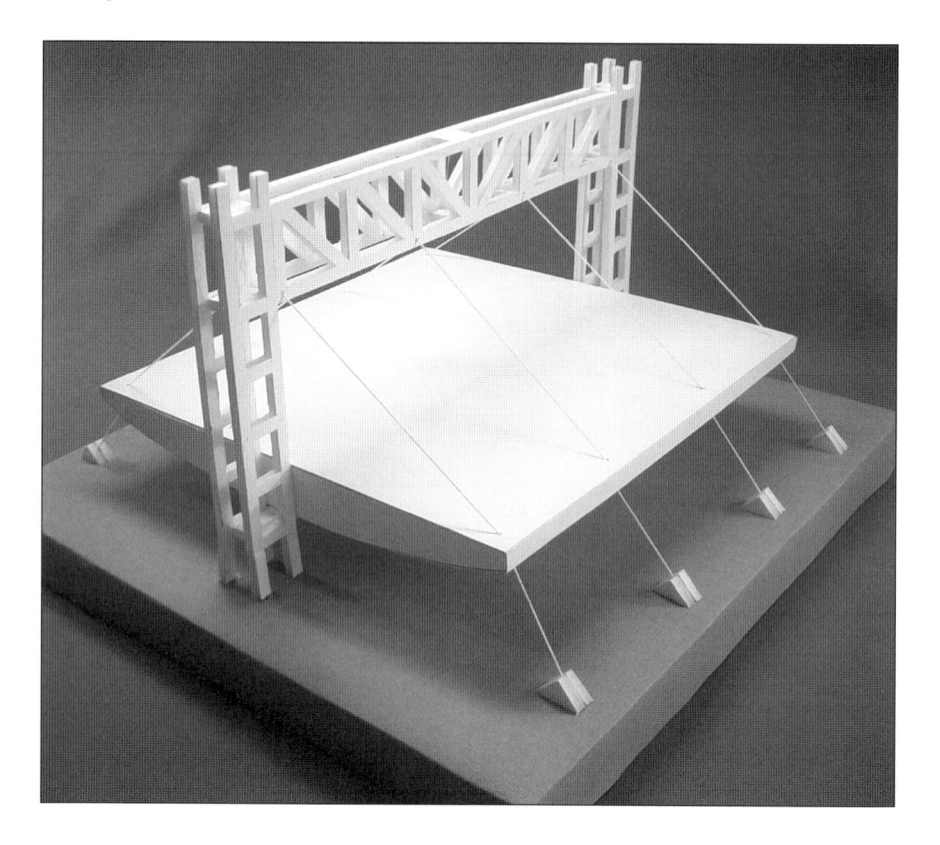

Proposta

» Maquete volumétrica de edificação
» Escala 1:200

Materiais

» ½ placa de co-laminado
» 1 folha de papel duplex
» Linha de costura n° 10 na cor branca – tipo cordonê
» Cola branca
» Cola quente
» Papel para revestimento da base

Ferramentas e utensílios

- » Material de desenho técnico
- » 1 estilete
- » 1 agulha fina de tapeçaria
- » 1 régua de corte
- » Bisturi cirúrgico – lâmina n° 11
- » Lixador plano com lixa n° 220
- » 1 rolo de fita dupla face

Passos para execução

Planejamento

A montagem desta maquete divide-se em:

A) Montagem da base
B) Montagem da estrutura de sustentação
C) Montagem da cobertura e instalação
D) Montagem final

A) Montagem da base

1. Monte uma base quadriculada com dimensões que permitam uma perfeita instalação da cobertura completa em escala (consulte métodos e técnicas – montagem padrão de bases).
2. A base desta maquete foi revestida com papel na cor cinza em toda a sua extensão para destacar melhor a cobertura. O revestimento é feito com fita dupla face para evitar ondulações no papel. As sobras são recortadas com estilete. Para arrematar os cantos, cole canaletas em L feitas do mesmo papel e coladas com cola branca.

B) Montagem da estrutura de sustentação

1. Desenhe no co-laminado a vista frontal da estrutura de sustentação da cobertura e marque os pontos onde os tiran-

tes passarão. São necessárias 2 peças para formar a estrutura completa.
2. Após o recorte das peças, una-as com cola branca ou cola quente e com pequenos pedaços de co-laminado, que podem ser aproveitados dos vãos da estrutura. Estes pedaços devem ter a dimensão interna da estrutura, de acordo com o projeto.

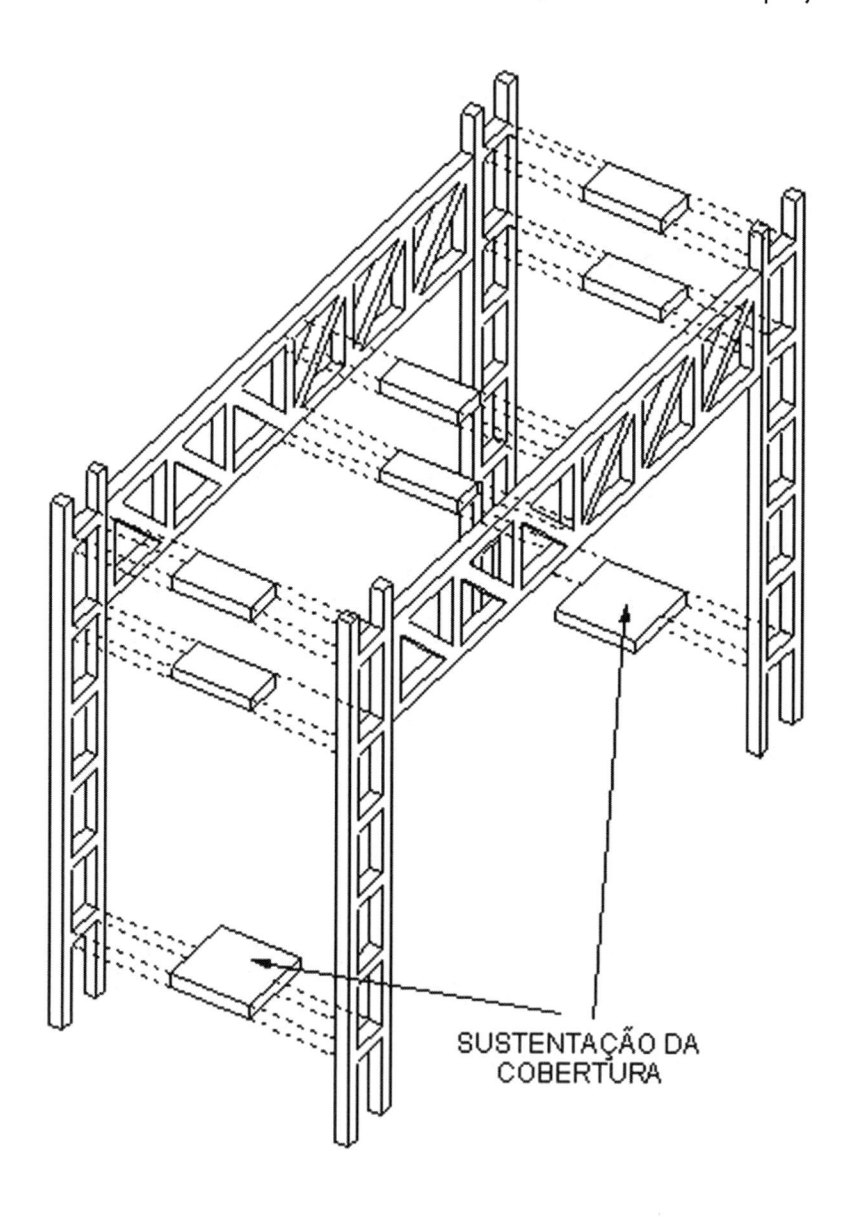

SUSTENTAÇÃO DA COBERTURA

3. Para sustentação da cobertura, os 2 quadrados de co-laminado indicados no desenho ao lado devem ter seu comprimento aumentado em 20 mm.

C) *Montagem da cobertura*

1. Desenhe os perfis laterais e o apoio central da cobertura no co-laminado. Desenhe a cobertura em papel duplex considerando as dimensões da parte superior, inferior e lateral e o lugar dos tirantes.
2. Recorte com estilete, retire as imperfeições com lixa n° 220 e monte a cobertura com cola quente ou branca.
3. Passe o estilete nas dobras do duplex para melhorar o acabamento. A colagem será feita na espessura do co-laminado.

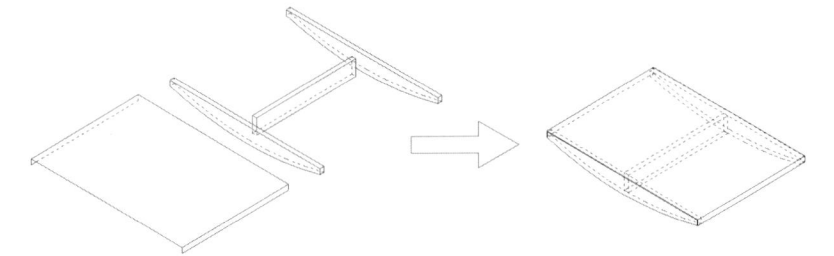

D) *Montagem final*

1. Cole com cola quente as extremidades da travessa central da cobertura nos apoios laterais da estrutura.
2. Também com cola quente, cole a estrutura de sustentação na base.
3. Com a agulha de costura faça os furos por onde os tirantes atravessam a cobertura.
4. Para representar os tirantes, use a linha de costura da seguinte forma:
   a) coloque a linha na agulha.
   b) amarre a linha de costura em um pequeno pedaço de co-laminado. Cole-o com cola quente por baixo da base.
   c) Introduza a agulha com linha em um dos furos da base até que o pedaço de co-laminado bloqueie a passagem da linha.

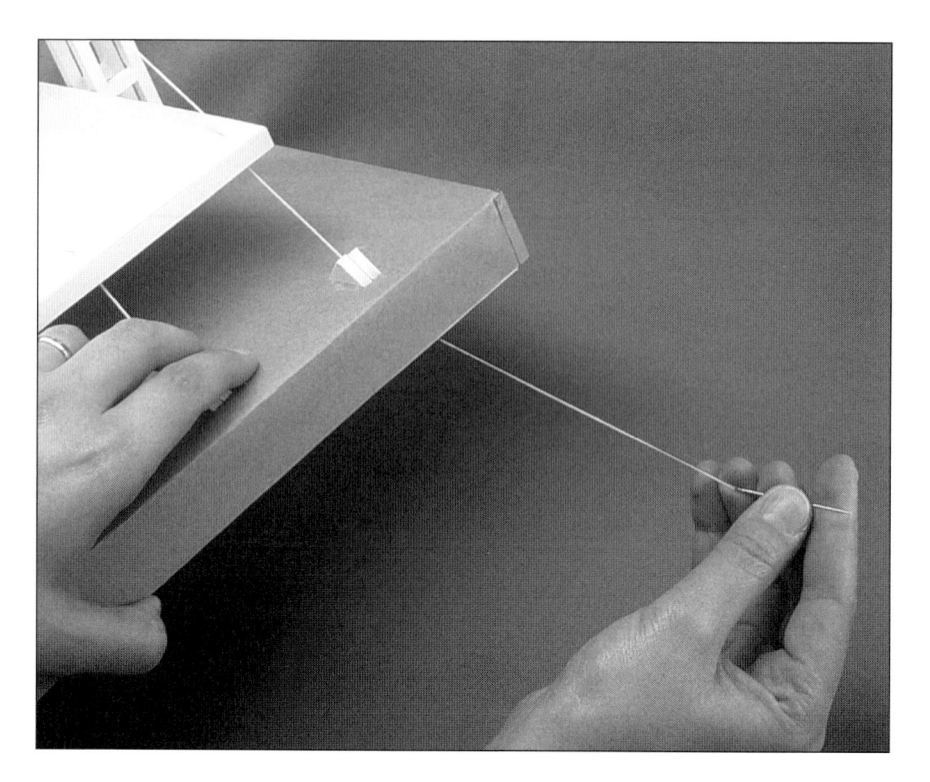

d) Passe a linha pela cobertura, pela estrutura de sustentação, novamente pela cobertura e pelo outro furo da base.
e) Mantenha a linha esticada e cole um pedaço de co-laminado com cola quente por baixo da base no furo. Isto arremata a linha e a mantém esticada como desejado.
f) Continue a trabalhar com esta mesma linha, introduzindo a agulha no furo seguinte, passando-a pela cobertura, pela estrutura, pela cobertura novamente e pela base. O arremate deve ser feito sempre com cola quente e com um retalho de co-laminado. Após o último furo, arremate e corte a linha.

5. Para finalizar, recorte 16 triângulos em co-laminado com as dimensões indicadas no projeto. Eles representarão as bases dos tirantes da cobertura. Cole-os na ponta de cada um dos tirantes sobre a base. Em cada ponta são colados 2 triângulos, 1 em cada lado da linha.

PROJETO 7- MESA EM MADEIRA

Proposta

» Maquete figurativa de mobiliário
» Escala 1:8

Materiais

» 1 placa de madeira balsa - espessura: aprox. 5 mm
» 1 tira de madeira balsa - espessura: aprox. 3 mm
» 1 cilindro de madeira balsa - diâmetro: 10 mm
» Verniz poliuretano padrão mogno
» Verniz poliuretano incolor alto brilho

Ferramentas e utensílios

» Material de desenho técnico
» Fita crepe
» Estilete
» Régua para corte

- » Minisserra de arco
- » Grampo tipo "C"
- » Lixas – n.º 150, 220 e 400
- » Cola branca
- » Pincel para cola
- » Pincel para verniz
- » Aguarrás e estopa para limpeza

Passos para execução

Planejamento

A execução desta maquete segue os seguintes passos:

A) Montagem do tampo
B) Montagem dos pés
C) Acabamento

A) Montagem do tampo

1. A placa de madeira balsa tem aproximadamente 8 cm de largura. O tampo desta mesa, como vemos no projeto, tem 10 cm de largura (80 cm em escala 1:8). Por esta razão, trace 2 peças de 5 cm de largura por 15 cm de comprimento (1,20 m em escala 1:8).
2. Recorte as partes que compõem o tampo com estilete e régua guia (no sentido dos veios) e com a minisserra de arco (na largura da placa, perpendicularmente aos veios da madeira).
3. Para unir as placas que compõem o tampo, use a técnica da junta seca: aplique cola em uma das laterais com 0,5 cm e junte com cuidado para que a cola não vaze. Se a cola vazar, limpe imediatamente com um pano úmido, antes que a cola comece a secar. Aguarde a secagem completa. (consulte métodos e técnicas – utilizando técnicas de marcenaria)
4. Após a secagem completa, lixe o tampo para retirar pequenas rebarbas e desenhe na parte inferior o local onde serão colados os pés e as travessas de acordo com o projeto.

5. Arredonde as bordas do tampo por toda a volta com lixas n.º 150 e 220 com lixador plano. Esse arredondamento se dá com a lixação a 45°. Toda lixação deve ser feita no sentido dos veios. (consulte métodos e técnicas – montagem de lixadores)

B) Montagem dos pés

1. Desenhe as travessas da mesa na placa com 3 mm de espessura. Recorte as travessas com estilete e régua guia (no sentido dos veios) e com a minisserra de arco (na largura da placa, perpendicularmente aos veios da madeira).
2. Recorte o cilindro de madeira na altura dos pés da mesa de acordo com o projeto.
3. Faça a montagem das travessas no tampo. Após uma secagem suficiente para não movimentar as travessas, cole os pés nos lugares já marcados.

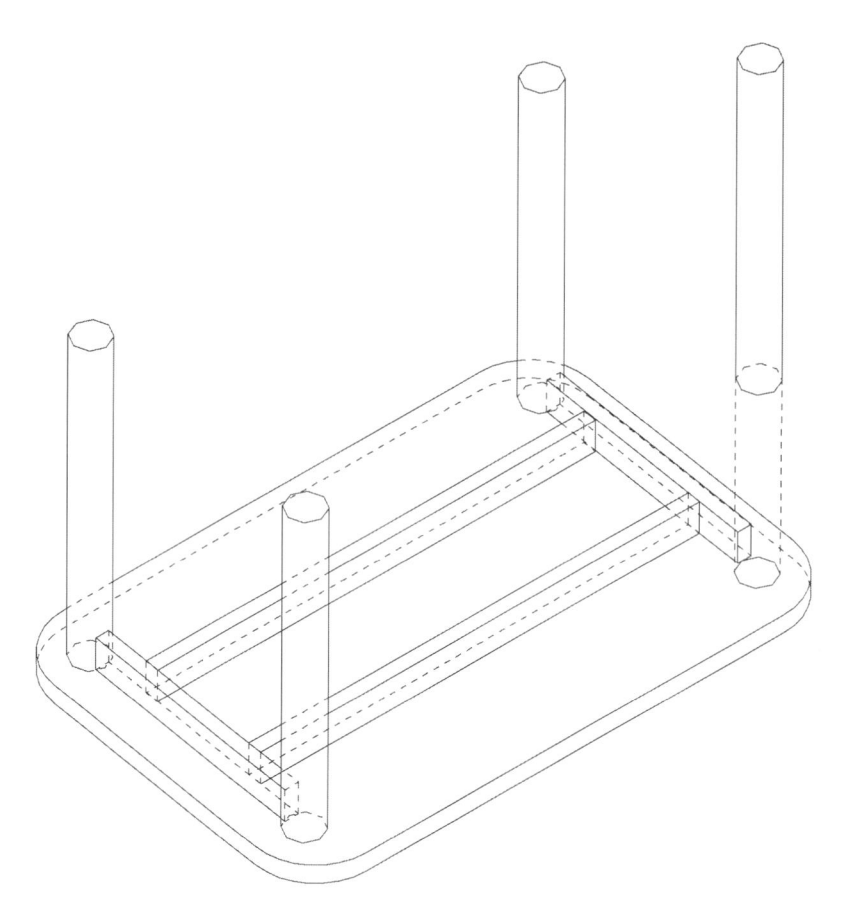

C) Acabamento

1. Aguarde a secagem completa para envernizar. Dilua e aplique o verniz de acordo com a indicação do fabricante. A madeira balsa não apresenta cor que caracterize algum tipo de madeira usada em decoração. Por isso sugiro a aplicação de uma demão de verniz poliuretano alto brilho com corante na cor de mogno. Após secagem lixe suavemente com lixa 400, remova o pó e aplique uma demão de verniz poliuretano alto brilho incolor para suavizar a cor mogno do 1° verniz aplicado.
2. Complemente com miniaturas na mesma escala. (consulte métodos e técnicas – montagem de complementos - objetos)

PROJETO 8 - CADEIRA PARA ESCRITÓRIO

Proposta

- » Maquete figurativa de mobiliário
- » Escala 1:8

Materiais

- » 1 placa EPS com 15 mm de espessura
- » 1 placa de madeira balsa 2 mm espessura
- » 1 placa de madeira balsa 6 mm espessura
- » 1 cilindro de madeira balsa com diâmetro 10 mm
- » 1 pedaço de papel duplex
- » Massa corrida diluída a 10%
- » Tinta na cor desejada (para os estofados) e na cor preta
- » Verniz P.U. fosco

Ferramentas e utensílios

- » Material de desenho técnico
- » Fita crepe
- » Estilete
- » Régua para corte
- » Minisserra de arco
- » Grampo tipo "C"
- » Lixadores planos e redondos com lixas n° 150, 220 e 400
- » Lixas – n° 150, 220 e 400
- » Cola branca
- » Cola cianoacrilática
- » Cola quente
- » Pincel para cola
- » Pincel para tinta

Pincel para verniz

Aguarrás e estopa para limpeza

Passos para execução

Planejamento

A execução deste projeto divide-se em:

A) Montagem do assento e encosto.
B) Montagem do pé com rodízios.
C) Montagem dos braços e do apoio do encosto.
D) Montagem final.

A) Montagem do assento e encosto

1. Desenhe em papel duplex o contorno do assento e do encosto e recorte para usá-los como molde. Em seguida, trace o contorno dos moldes na placa de madeira balsa com 2 mm de espess.
2. Recorte a madeira com estilete e dê acabamento com lixa n° 220.

3. Trace o molde do assento e do encosto na placa de EPS. Recorte com estilete e dê acabamento com lixa modelando as almofadas de acordo com o projeto. (consulte métodos e técnicas – montagem de lixadores)

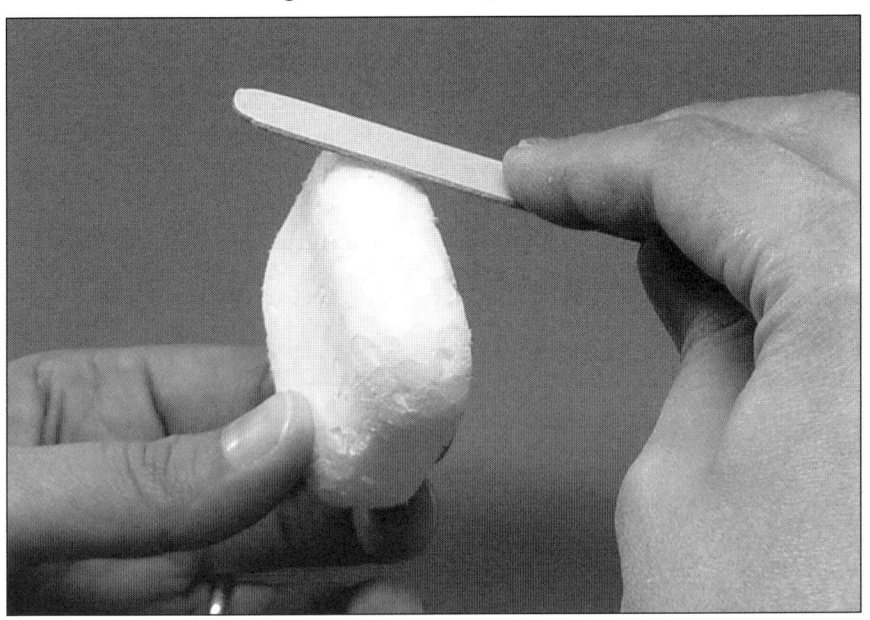

4. Cole o EPS na madeira balsa com cola branca, pressionando levemente. Se necessário, coloque peso sobre as peças até a secagem completa.
5. Depois da secagem, pincele massa corrida (diluída a 10% em água) na madeira balsa. A madeira será nivelada apenas com uma demão de massa não muito espessa.
6. Após a secagem, aplique a mesma massa nas "almofadas" de EPS. Aplique 3 demãos no mínimo sobre o EPS respeitando os intervalos de secagem ao toque.
7. Após a secagem, lixe suavemente a madeira e o EPS com lixa nº 220 até obter uma superfície uniforme.
8. Aplique no EPS a tinta à base de água na cor desejada. São necessárias 2 demãos no mínimo para uma perfeita cobertura. Após a secagem, aplique verniz P.U. fosco sobre a tinta. A madeira deve receber 2 demãos de tinta preta.

B) Montagem do pé com rodízios

1. Recorte o cilindro da madeira balsa na altura indicada no projeto.
2. Desenhe e recorte no papel duplex o contorno dos pés da cadeira onde ficam os rodízios. Chamaremos esta peça de suporte.
3. Cole o cilindro de madeira balsa no centro do suporte com cola quente. Cole sobre cada uma das 5 partes do suporte uma pequena barra de EPS com a largura e altura indicadas no projeto. As barras devem ter em uma das pontas a abertura para encaixe no cilindro. Lixe o EPS para modelar os pés.

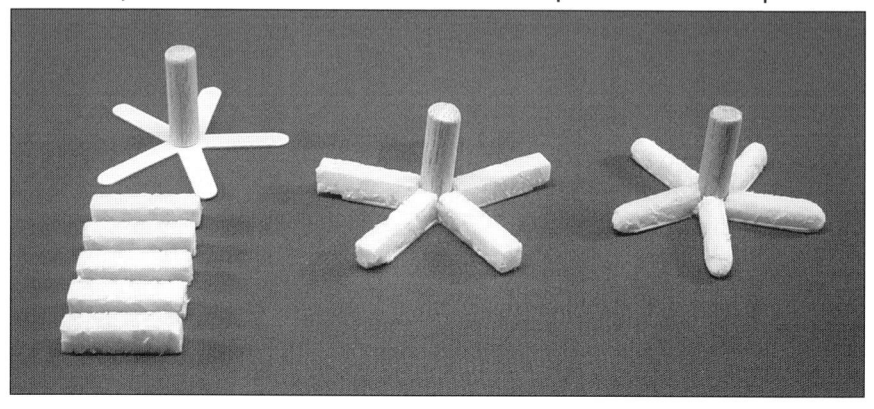

4. Aplique massa corrida diluída a 10% em água por toda a peça para esconder as imperfeições. Após secagem, dê acabamento com lixa.
5. Aplique em toda a peça tinta preta. Serão necessárias 2 demãos no mínimo para uma perfeita cobertura. Após secagem, aplique verniz P.U. sobre a tinta.
6. Cole com cola quente as peças para bijuteria nas extremidades de cada uma das 5 pontas do suporte para representar os rodízios.

C) Montagem dos braços e do apoio do encosto

1. Recorte a madeira balsa de 6 mm de espessura em tiras com 6 mm e 10 mm de largura. Corte as tiras de 6 mm de largura com o comprimento de cada uma das partes do braço. Corte as tiras de 10 mm de largura com o comprimento das peças do apoio do encosto.

2. Para montar os braços e o apoio do encosto é preciso encaixar as partes umas nas outras. Para isso usaremos os encaixes em meia madeira. Use cola branca ou cola cianoacrilática. (consulte métodos e técnicas – utilizando técnicas de marcenaria)

3. Após a secagem total da cola, lixe as peças modelando e arredondando as peças de acordo com o projeto.
4. Aplique em toda a peça tinta preta. Serão necessárias 2 demãos no mínimo para uma perfeita cobertura. Após a secagem, aplique verniz P.U. sobre a tinta.

D) *Montagem final*

1. Monte a cadeira juntando suas partes com cola quente. Após a colagem, faça retoques na pintura se necessário.

PROJETO 9 - SOFÁ

Proposta

- » Maquete figurativa de mobiliário
- » Escala 1:8

Materiais

- » 1 folha de papel duplex
- » Tecido para decoração

Ferramentas e utensílios

- » Material de desenho técnico
- » Fita adesiva transparente
- » Estilete
- » Régua para corte
- » Cola branca ou cola de contato

- » Pincel para cola
- » Prendedores de roupa
- » Tesoura para tecido

Passos para execução

Planejamento

A montagem desta peça divide-se em:

A) Montagem das partes componentes
B) Montagem final

A) Montagem das partes componentes

1. O projeto apresenta o sofá como uma peça única. Para a montagem desta maquete é preciso dividi-lo em partes. A estrutura é montada em papel duplex. Planifique cada uma das peças e disponha todas elas de forma que melhor aproveite o material. (consulte métodos e técnicas – sólidos básicos e suas planificações)

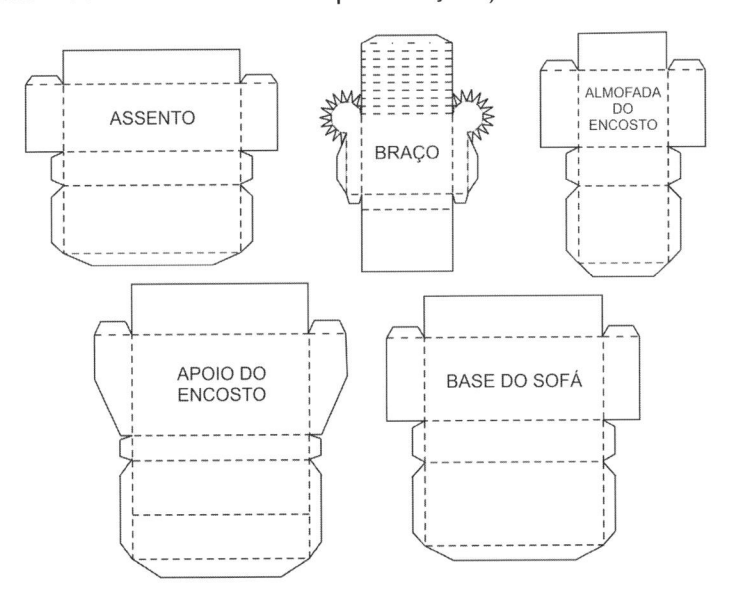

2. Os braços e o encosto são planificados sem fechamento na parte inferior.
3. Após o traçado, recorte as peças com estilete e régua guia e monte com cola quente ou cola branca.
4. A aplicação do tecido em cada uma das peças é feita de acordo com o formato de cada uma delas. Aplica-se o tecido nas faces mais aparentes das peças com cola quente ou branca. Em seguida, aplica-se o tecido com uma dobra de acabamento como mostra a foto abaixo:

B) *Montagem final*

1. Para a montagem final, use cola quente. Junte primeiramente o encosto e as peças do assento. Em seguida, junte os braços e, por último, as almofadas do encosto.
2. Complemente com objetos em escala. (consulte métodos e técnicas – montagem de complementos – objetos)

PROJETO 10 - SOFÁ - CHESTERFIELD

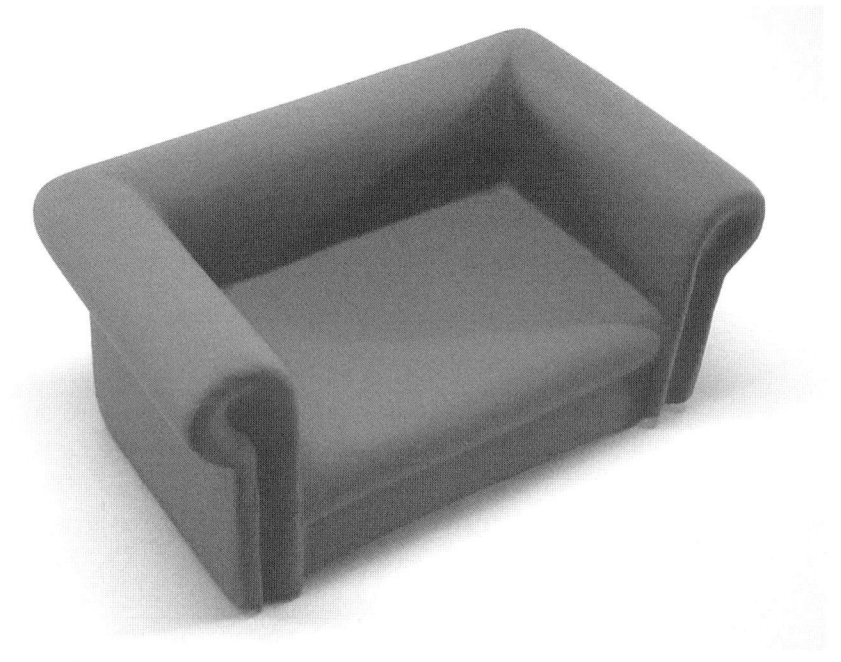

Proposta

- » Maquete figurativa de mobiliário
- » Escala 1:8

Materiais

- » 1 placa de EPS com 15 mm espessura
- » 1 placa de EPS com 20 mm espessura
- » 1 cilindro de EPS com diâmetro de 25 mm
- » Cola quente
- » Massa corrida

Ferramentas e utensílios

- » Espátula
- » Lixas 150, 200, 360
- » Estilete
- » Régua guia

Passos para execução

Planejamento

A montagem desta peça divide-se em:

A) Montagem da estrutura
B) Acabamento

A) Montagem da estrutura

1. O sofá é composto de peças que, juntas, formam sua estrutura. Desenhe no EPS os blocos dos braços, do assento e do encosto considerando suas dimensões no projeto e a espessura do material. Descontar nos braços e encosto a parte arredondada que será feita com o cilindro de EPS.
2. Recorte com estilete e régua guia. Com o auxílio de uma folha de lixa 150 e do cilindro de EPS faça o encaixe da peça cilíndrica na peça reta. A parte arredondada dos braços e do encosto é encaixada na parte reta. (consulte métodos e técnicas – montagem de lixadores)

3. Arredonde a parte superior do assento com lixa 150 e finalize com lixa 220.
4. Cole as partes com cola branca ou cola para EPS. Se desejar, utilize alfinetes em alguns pontos para auxiliar na fixação durante a colagem. Estes alfinetes não devem ser colocados perpendicularmente às camadas, mas sim em travamento (na diagonal). Não deixe as cabeças dos alfinetes à mostra, esconda-as no próprio EPS.

B) Acabamento

1. Após a secagem total da cola, aplique massa corrida (diluída a 10% em água) com pincel em toda a peça. Aplique várias demãos, respeitando intervalo de secagem ao toque entre elas. Após a aplicação e secagem completa de no mínimo 3 camadas, lixe com lixa n° 220. Se não conseguir esconder a textura do EPS, aplique mais algumas demãos de massa repetindo o processo. Assim que a textura for coberta pela massa, lixe suavemente com lixa n° 360 deixando-a pronta para aplicação de tinta.
2. Com toda a massa seca, aplique tinta branca à base de água em toda a maquete (sugestão: tinta látex). Para maior proteção, pode-se aplicar sobre a tinta um verniz à base de água.
3. Complemente com objetos em escala. (consulte métodos e técnicas – montagem de complementos – objetos)

Métodos e técnicas

MONTAGEM PADRÃO DE BASES

A MAIORIA DOS MATERIAIS utilizados nas bases tende a deformar com o tempo pelo manuseio ou mudanças de temperatura. Uma das formas de evitar este problema é construir uma estrutura quadriculada sob a placa principal da base. Esta estrutura compõe-se de tiras que são montadas de forma perpendicular à placa principal da base:

Isso evita a deformação da base e garante maior resistência à maquete que será colocada sobre ela.

A confecção deste tipo de base, que pode ser usada para as mais diversas maquetes, segue a seqüência abaixo:

1. Divida o tamanho da base em partes iguais tanto no comprimento quanto na largura. Procure trabalhar com dimensões que tenham os mesmos múltiplos para que a divisão seja mais simples.
2. Chamaremos de travessas cada uma das tiras que compõem o quadriculado. As tiras devem ter de 2 a 4 cm de altura para bases pequenas. Esta dimensão varia de acordo com o tamanho da base.
3. Desenhe as tiras no material e marque o lugar onde as tiras do comprimento cruzarão com as tiras da largura. Nestes pontos serão desenhados e recortados triângulos com altura igual a 2/3 da altura das tiras.
4. Depois de recortadas executa-se a montagem iniciando por uma das laterais. Nela deve estar indicado onde serão coladas as tiras que se apoiarão na mesma. Cola-se a outra lateral sem recortes e na seqüência as tiras com recortes, finalizando com as tiras sem recortes.

MAQUETES TOPOGRÁFICAS

Como já dissemos, este tipo de maquete objetiva representar em pequena escala a topografia de uma determinada área. Para executá-la consideramos que cada linha topográfica corresponde a uma camada do terreno com sua respectiva altura.

Tomemos como exemplo o projeto abaixo:

Cada linha topográfica forma o desenho de uma das camadas do terreno:

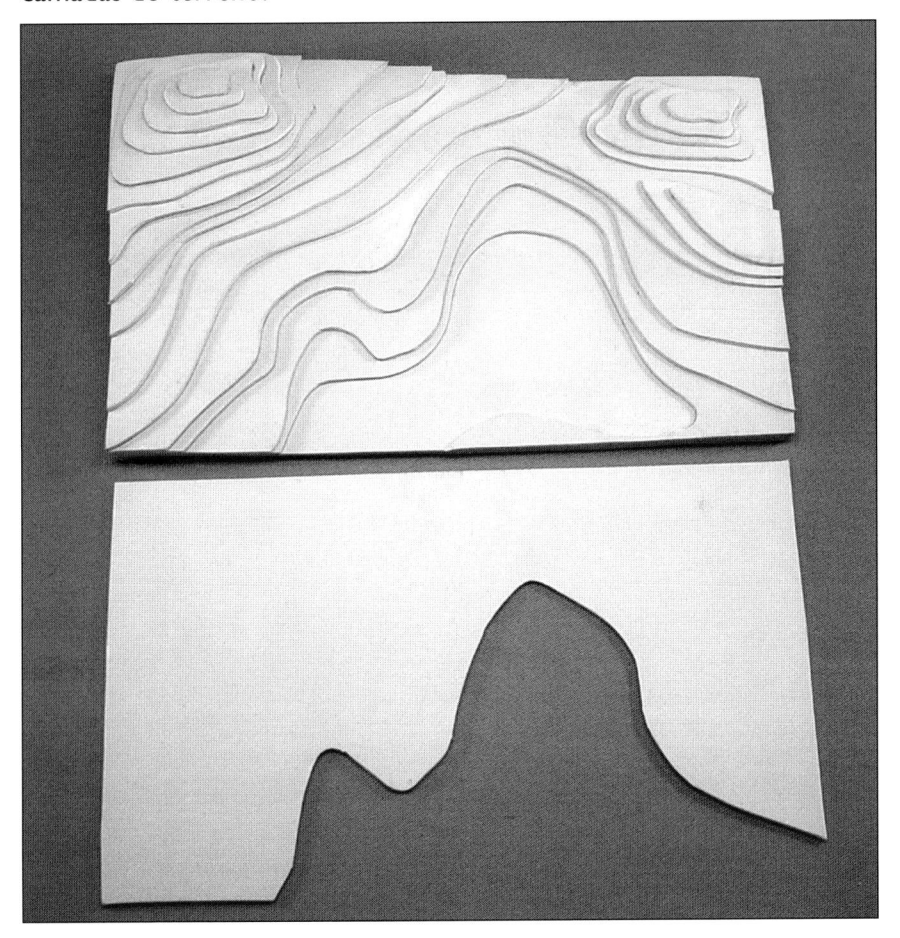

A variação entre as linhas topográficas corresponde a 1 m. Isso significa que cada uma das camadas terá 1m de espessura na escala do projeto.

O material escolhido deve apresentar características como:

» espessura equivalente à variação de altura entre as linhas topográficas em escala.
» superfície contínua que comporte a camada por inteiro. A madeira balsa, por exemplo, dificulta o trabalho por ser comercializada em placas muito estreitas, com largura inferior a 15 cm.
» resistência ao recorte de curvas e reentrâncias características de cada camada.

MONTAGEM DE COMPLEMENTOS

Vegetação

Vegetação volumétrica

A estrutura da "árvore" é construída com um palito de madeira e uma bola de EPS no tamanho correspondente à escala da maquete. Seu aspecto final será definido pelo acabamento escolhido posteriormente:

Material para a estrutura

> » Bola de EPS – tamanho de acordo com a escala da maquete
> » Palitos de dente ou para churrasco
> » Cola branca

Ferramentas e utensílios
> » 1 estilete
> » Pincel para cola

Passos para execução da estrutura

1. Divida o palito de churrasco em 3 partes iguais. Com o estilete afie as 2 pontas de cada uma das partes. Assim teremos troncos para 3 árvores nestas escalas. O palito de dentes é usado da forma como se encontra na embalagem.
2. Perfure a bola de EPS com uma das pontas do palito. Assegure-se de que o palito não se solte com facilidade do EPS. Se isso ocorrer, coloque uma gota de cola branca na ponta do palito e recoloque na bolinha de EPS.
3. Lixe a bola de EPS para retirar rebarbas e irregularidades.

Com a estrutura montada, a "árvore" pode receber diversos acabamentos. Veja algumas propostas:

1º - Acabamento em massa

Material para acabamento

> » Massa corrida (diluída com água a 10%)
> » Tinta branca à base de água

Ferramentas e utensílios

> » Lixa n.º 220
> » Pincel para massa e Pincel para tinta

1. Com um pincel, pincele uma camada espessa de massa corrida por toda a bolinha. Após a secagem, lixe suavemente para formar uma superfície lisa sobre a bolinha.
2. Aplique uma demão de tinta branca sobre a massa. Pinte também o tronco com a tinta branca.

2º - Acabamento em massa crespa

Material para acabamento

- » Massa corrida (diluída com água a 10%)
- » Tinta branca à base de água

Ferramentas e utensílios

- » Pincel para tinta e Pincel para massa
- » Esponja

1. Com um pincel, deposite uma camada espessa de massa corrida por toda a bolinha. Em seguida, bata suavemente a esponja criando uma textura pontiaguda na massa.
2. Após a secagem, aplique uma demão de tinta branca sobre a massa.
3. Pinte também o tronco com a tinta branca.

3º - Acabamento com tinta acrílica

Material para acabamento

- » Massa corrida (diluída com água a 10%)
- » Tinta acrílica para artesanato

Ferramentas e utensílios

- » Lixa n.º 220
- » Pincel para tinta e Pincel para massa

1. Com um pincel, deposite uma camada fina de massa corrida por toda a bolinha. Após a secagem, lixe suavemente para retirar as imperfeições do EPS.
2. Aplique uma demão de tinta branca sobre a massa. Se preferir, bata suavemente a esponja criando uma textura suave na tinta.
3. Pinte também o tronco com a tinta branca.

4º - Acabamento com colagem de papel

Material para acabamento

- » Papel de seda branco
- » Cola branca
- » Tinta branca à base de água

Ferramentas e utensílios

- » Pincel para tinta e Pincel para cola

1. Amasse bem o papel de seda e recorte-o em pequenos pedaços. Os pedaços não devem cobrir a bolinha numa única vez.
2. Com um pincel, deposite a cola branca por toda a bolinha. Em seguida, aplique os pedaços de papel de seda aos poucos, disfarçando as emendas.
3. Após a secagem, aplique uma demão de cola branca sobre o papel.
4. Pinte o tronco com a tinta branca.

5º - Acabamento com serragem

Material para acabamento

- » Cola branca
- » Tinta bege à base de água
- » Serragem peneirada

Ferramentas e utensílios

- » Pincel para cola
- » Pincel para tinta

1. Com um pincel, pinte toda a bolinha com a tinta bege. Depois da tinta seca, pincele a cola branca em toda a bolinha e aplique a serragem.
2. Aplique uma demão de verniz spray fosco no tronco e sobre a serragem para minimizar o descolamento.

6º - Acabamento com serragem colorida

Material para acabamento

- » Cola branca
- » Tinta verde à base de água
- » Tinta marrom à base de água
- » Serragem colorida (verde)

Ferramentas e utensílios

- » Pincel para cola
- » Pincel para tinta

1. Com um pincel, pinte toda a bolinha com a tinta verde. Pinte o tronco com a tinta marrom.
2. Depois da tinta seca, pincele a cola branca em toda a bolinha e aplique a serragem colorida.
3. Aplique uma demão de verniz spray fosco sobre a serragem para minimizar o descolamento.

Vegetação Figurativa

Pode-se adquirir peças prontas em lojas especializadas ou confeccioná-las da seguinte forma:

Material para a estrutura e acabamento

- » Esponja para banho
- » Palitos de dente ou para churrasco
- » Tinta verde à base de água
- » Tinta marrom à base de água

Ferramentas e utensílios

- » 1 estilete
- » 1 tesoura
- » Pincel para tinta

Passos para execução

1. Divida o palito de churrasco em 3 partes iguais. Com o estilete afie as 2 pontas de cada uma das partes. Assim teremos troncos para 3 árvores nestas escalas. O palito de dentes é usado da forma como se encontra na embalagem.
2. Recorte um pedaço da esponja para banho no tamanho da copa da árvore de acordo com a escala da maquete.
3. Num recipiente, dilua a tinta verde com água (10%) e mergulhe a esponja, tingindo-a por inteiro.
4. Retire o excesso pressionando-a com os dedos e deixe secar.
5. Pinte o palito de madeira com a tinta marrom.
6. Após a secagem, introduza o palito na esponja assegurando-se de que o mesmo esteja firme. Está montada a "árvore".

Veículos

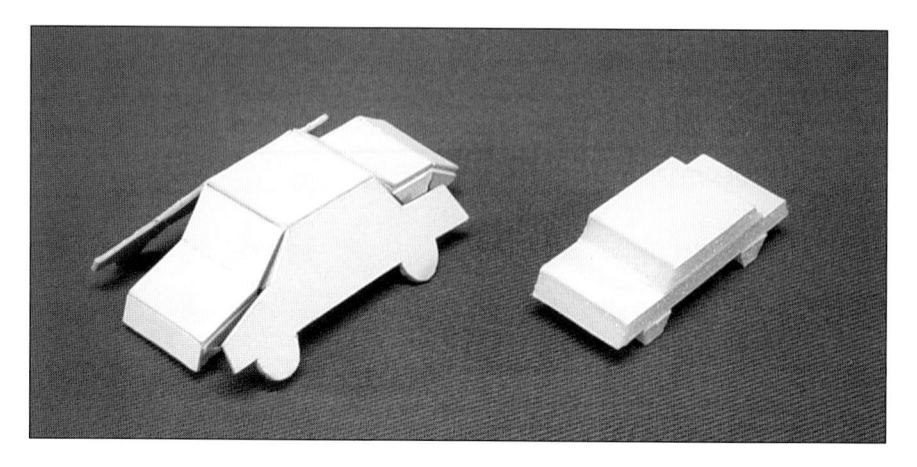

Veículos volumétricos

Utilizados em maquetes volumétricas para auxiliar visualmente a identificação da escala da maquete.

1º - Papel duplex

Material para a estrutura e acabamento

» Papel duplex
» Cola branca

Ferramentas e utensílios

» Material para desenho
» 1 estilete
» Pincel para cola

1. Planifique o veículo. Desenhe-o de tal forma que permita ser recortado e montado como mostra a foto.
2. Recorte-o, passe o estilete nas marcas de vincagem, dobre e monte com cola branca.

2° - Co-laminado

Material para a estrutura e acabamento

- » Cartão co-laminado
- » Cola branca

Ferramentas e utensílios

- » Material para desenho
- » 1 estilete
- » Pincel para cola

1. Divida o perfil do carro em camadas. Desenhe cada uma destas camadas no co-laminado como mostra a foto.
2. Recorte-as e monte o veículo unindo as camadas com cola branca.

Veículos figurativos e figuras humanas

Estes elementos são utilizados em maquetes figurativas como forma de simular em pequena escala a movimentação de pessoas e veículos no projeto após sua conclusão.

As lojas especializadas em modelismo comercializam miniaturas com alta fidelidade em detalhes e em diversas escalas.

Objetos

Alguns objetos como louças e eletrodomésticos são reproduzidos com alta fidelidade por indústrias de brinquedos ou de miniaturas decorativas. Por serem objetos detalhados e fiéis aos de escala real, podem e devem ser aproveitados em nossas maquetes. Em geral eles se apresentam em escala 1:7 ou 1:6, variando de objeto para objeto. O importante é respeitar a escala do objeto escolhido, pois a variação de escala em um mesmo projeto pode trazer resultados insatisfatórios.

Podemos confeccionar impressos em tamanho reduzido (jornais, revistas, rótulos, folhetos etc.) com o auxílio de um microcomputador, um scanner e uma impressora em cores. Depois de escanear o impresso desejado, ajusta-se seu tamanho à escala desejada. Este ajuste pode ser feito com o auxílio de um programa gráfico. Com o tamanho adequado, basta imprimir.

MONTAGEM DOS LIXADORES

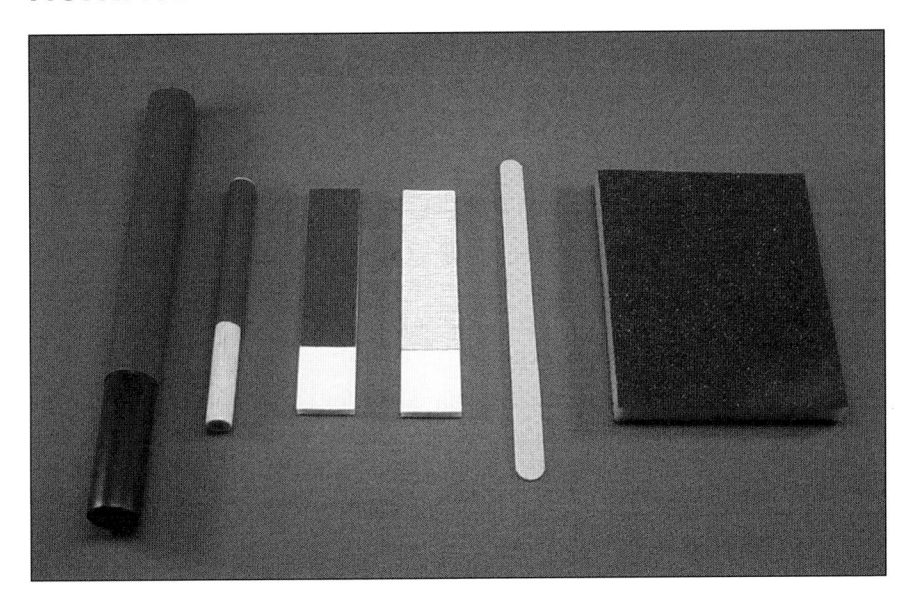

Para confeccionar lixadores dos mais diversos formatos, siga as instruções a seguir:

1. Recorte em madeira balsa, co-laminado ou tubo plástico os suportes das lixas no tamanho que desejar.
2. Recorte as folhas de lixa com 1 cm a mais que os suportes onde serão coladas. Esta operação inutilizará a lâmina do estilete utilizado.
3. Aplique cola de contato nos suportes e nas folhas de lixa. Aguarde a secagem por alguns minutos.
4. Após a secagem, junte aos poucos as superfícies onde a cola foi aplicada para não deixar formar bolhas, pois esta colagem não admite correções.
5. Recorte as rebarbas deixando a folha de lixa com o mesmo tamanho do suporte.

SÓLIDOS BÁSICOS E SUAS PLANIFICAÇÕES

Se observarmos os projetos arquitetônicos, notaremos que seus volumes se assemelham a sólidos geométricos básicos. Cubos, cilindros, pirâmides e outras figuras combinadas entre si formam os volumes de edifícios e, conseqüentemente, das maquetes.

A melhor forma de representar estes volumes é visualizá-los como sólidos que possibilitarão sua planificação.

Planificar ou desenvolver uma superfície é estende-la sobre um material plano tal que seja possível recuperar sua forma original através de recorte e montagem. Esta última pode incluir atividades como vincagem e colagem.

As superfícies que permitem a planificação são denominadas *desenvolvíveis*.

Alguns sólidos, como a esfera, não permitem a planificação, portanto, são denominadas não-desenvolvíveis.

Para a execução de maquetes volumétricas e algumas miniaturas, precisamos conhecer a planificação de alguns sólidos geométricos básicos. Esses sólidos podem ser aplicados em materiais com espessura inferior a 0,5 mm, pois exigem flexibilidade na dobra das abas de colagem e na montagem.

Alguns outros materiais são encontrados em placas rígidas com espessura de no mínimo 1 mm. Devemos considerar essa espessura no desenho da planificação para um perfeito encaixe na montagem. Outro fator é a resistência dessas placas, que impede o uso de abas de colagem e a modelagem de sólidos com superfícies arredondadas. Para tal, montamos essas superfícies com o material "picotado", como mostra a foto na página anterior. Os pedaços são fixados por trás com uma fita crepe, que garante que eles não se soltarão. A superfície torna-se flexível e se molda de acordo com o sólido desejado.

Planificações com espessura inferior a 0,5 mm e superior a 1 mm.

• *Cubo*

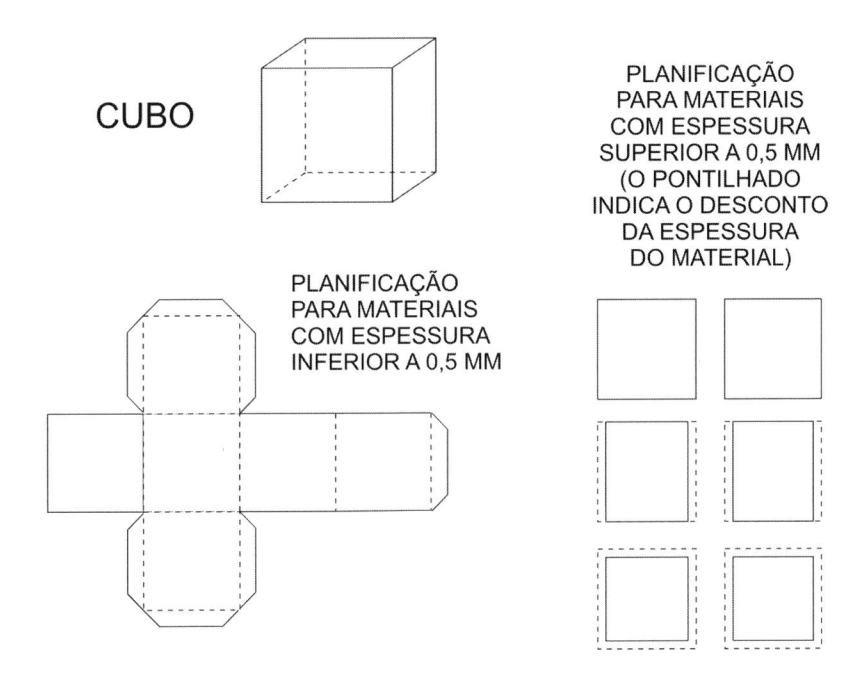

CUBO

PLANIFICAÇÃO
PARA MATERIAIS
COM ESPESSURA
INFERIOR A 0,5 MM

PLANIFICAÇÃO
PARA MATERIAIS
COM ESPESSURA
SUPERIOR A 0,5 MM
(O PONTILHADO
INDICA O DESCONTO
DA ESPESSURA
DO MATERIAL)

• *Paralelepípedo*

PARALELEPÍPEDO

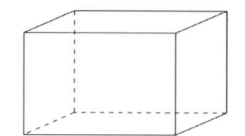

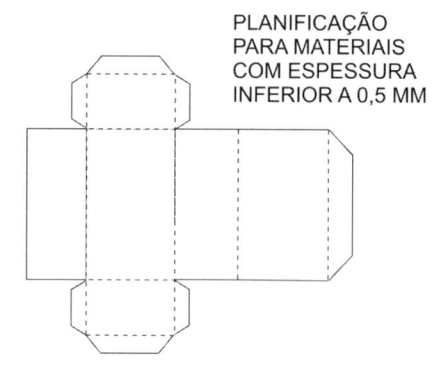

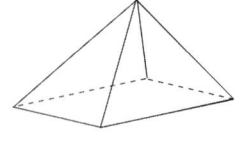

PLANIFICAÇÃO PARA MATERIAIS COM ESPESSURA SUPERIOR A 0,5 MM (O PONTILHADO INDICA O DESCONTO DA ESPESSURA DO MATERIAL)

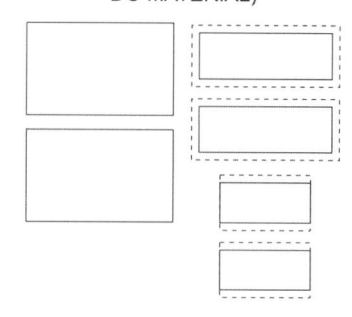

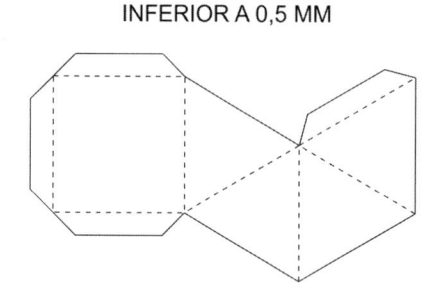

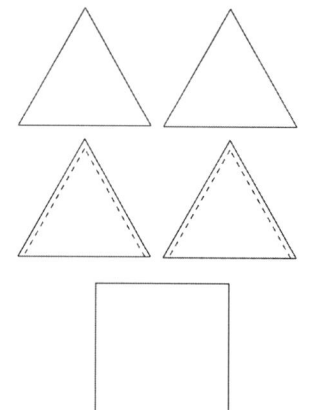

PLANIFICAÇÃO PARA MATERIAIS COM ESPESSURA INFERIOR A 0,5 MM

• *Pirâmide*

PIRÂMIDE

PLANIFICAÇÃO PARA MATERIAIS COM ESPESSURA SUPERIOR A 0,5 MM (O PONTILHADO INDICA O DESCONTO DA ESPESSURA DO MATERIAL)

PLANIFICAÇÃO PARA MATERIAIS COM ESPESSURA INFERIOR A 0,5 MM

• *Tronco de Pirâmide*

TRONCO DE PIRÂMIDE

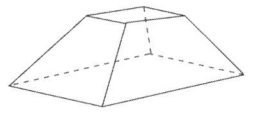

PLANIFICAÇÃO
PARA MATERIAIS
COM ESPESSURA
SUPERIOR A 0,5 MM
(O PONTILHADO
INDICA O DESCONTO
DA ESPESSURA
DO MATERIAL)

PLANIFICAÇÃO
PARA MATERIAIS
COM ESPESSURA
INFERIOR A 0,5 MM

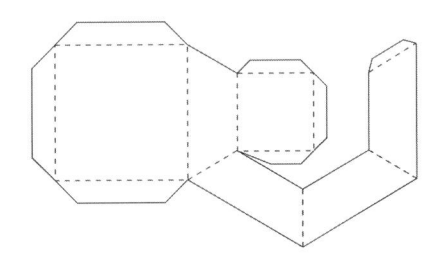

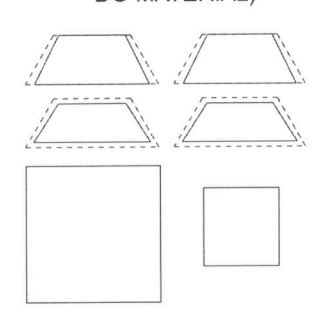

• *Cilindro*

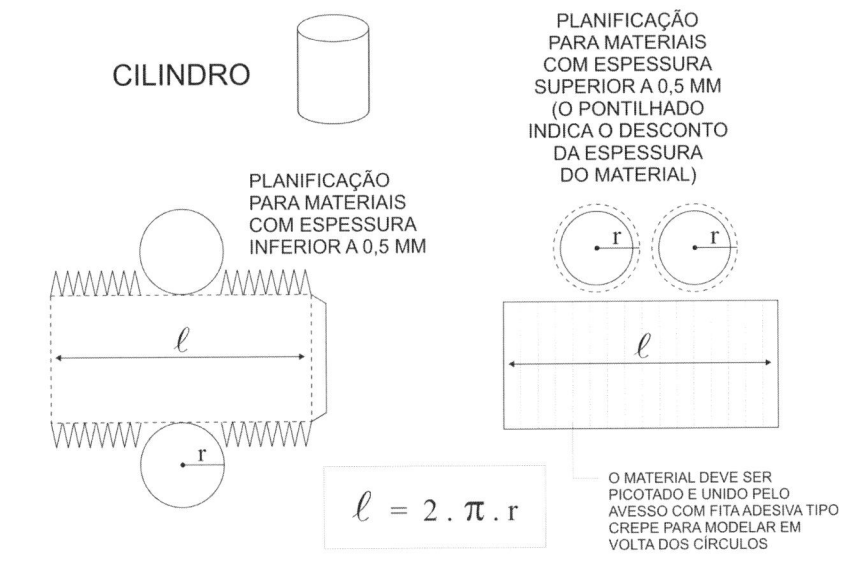

CILINDRO

PLANIFICAÇÃO
PARA MATERIAIS
COM ESPESSURA
SUPERIOR A 0,5 MM
(O PONTILHADO
INDICA O DESCONTO
DA ESPESSURA
DO MATERIAL)

PLANIFICAÇÃO
PARA MATERIAIS
COM ESPESSURA
INFERIOR A 0,5 MM

$$\ell = 2 . \pi . r$$

O MATERIAL DEVE SER
PICOTADO E UNIDO PELO
AVESSO COM FITA ADESIVA TIPO
CREPE PARA MODELAR EM
VOLTA DOS CÍRCULOS

• *Cone*

CONE

PLANIFICAÇÃO PARA MATERIAIS COM ESPESSURA INFERIOR A 0,5 MM

PLANIFICAÇÃO PARA MATERIAIS COM ESPESSURA SUPERIOR A 0,5 MM (O PONTILHADO INDICA O DESCONTO DA ESPESSURA DO MATERIAL)

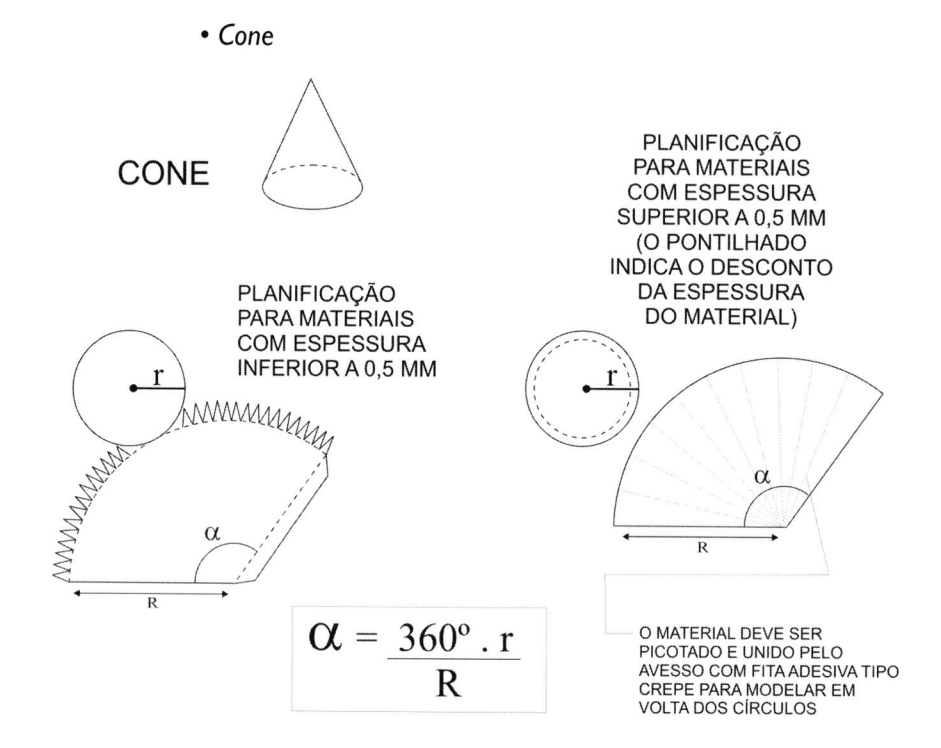

$$\alpha = \frac{360° \cdot r}{R}$$

O MATERIAL DEVE SER PICOTADO E UNIDO PELO AVESSO COM FITA ADESIVA TIPO CREPE PARA MODELAR EM VOLTA DOS CÍRCULOS

UTILIZANDO TÉCNICAS DE MARCENARIA

Em alguns casos faz-se necessária a utilização de técnicas de marcenaria para viabilizar algumas montagens em escala tão pequena. Citarei algumas técnicas úteis:

Encaixe à meia-madeira

Caracteriza-se por encaixar duas peças pelos extremos ou meios através de degraus rebaixados até a metade da espessura ou largura do material.

Passos para a execução

1. Determine as peças que receberão o encaixe e as extremidades que serão encaixadas. Chamaremos uma das peças de *travessa* e a outra de *montante*.

2. Para fazer a marcação, o comprimento do encaixe do montante é igual à largura da travessa e vice-versa.
3. Com estilete e muito cuidado, faça os cortes seguindo a marcação.

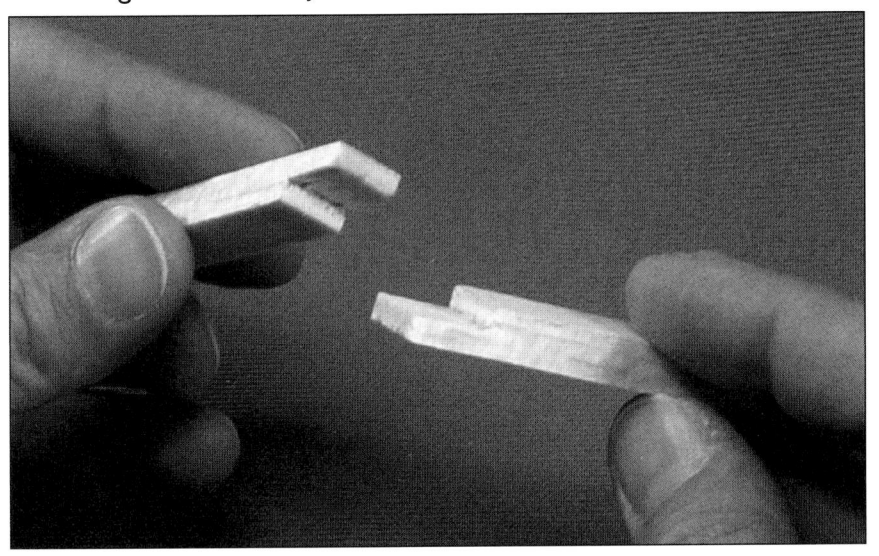

4. Efetue a colagem de preferência com uma cola de secagem rápida ou utilize uma forma de fixação que não comprometa a precisão do encaixe.

Junta seca

Junção de duas ou mais peças lateralmente para compor outra maior ou com tamanho especial. Muito usada para unir peças em madeira maciça.

Passos para a execução

1. Determine as faces que serão coladas.
2. Passe a cola em apenas um dos lados. Junte as partes e prenda-as firmemente com grampos ou outro tipo de apoio até a secagem completa.

3. Após a secagem, finalizar com lixação para acabamento.

PREPARO DA MASSA COM GESSO

Misture 1 parte de gesso em 2 partes de massa corrida. Esta mistura faz com que a massa corrida tenha consistência para preencher espaços e fazer correções que a massa corrida pura não proporciona.

ENCAIXES EM CO-LAMINADO

O co-laminado nos oferece muitas opções de encaixe para montagem e colagem devido a sua composição. Escolha a que melhor se adapta a seu projeto:

ENCAIXE 90°

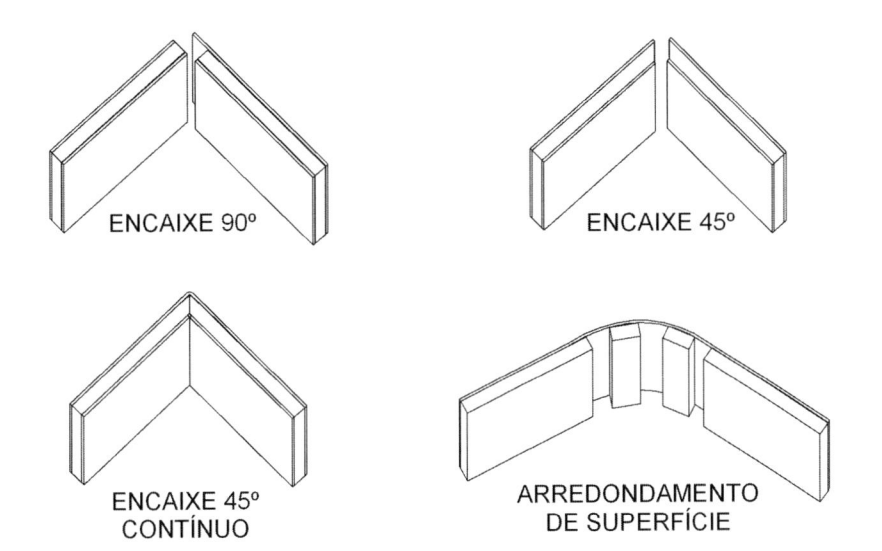

ENCAIXE 45°

ENCAIXE 45°
CONTÍNUO

ARREDONDAMENTO
DE SUPERFÍCIE

REVESTIMENTO EM CO-LAMINADO

1. Escolha um papel de revestimento na cor que desejar.
2. Aplique a cola de contato no avesso do papel de revestimento e na face do co-laminado a ser revestida. A aplicação deve ser feita com pincel ou espátula sem deixar a cola tocar o EPS do co--laminado. Este contato gera a corrosão deste último comprometendo o acabamento.
3. Coloque a camada de co-laminado sobre uma superfície plana com o lado da cola voltado para cima. Pegue o papel de revestimento com a cola voltada para baixo e aplique por partes sobre a camada de co-laminado. Inicie por uma das extremidades, vá pressionando com a lateral da mão por toda a camada de co-laminado até o final da mesma sem deixar formar bolhas. Esta colagem não permite retoques de posicionamento.

TINGIMENTO DE SERRAGEM PARA REVESTIMENTO

A serragem já colorida pode ser encontrada em diversas cores nas casas especializadas em modelismo. Porém, se desejar aproveitar a serragem que sobra na maioria das marcenarias, utilize o processo descrito abaixo:

1. Separe as impurezas e farpas de madeira peneirando a serragem. Quanto mais fina ficar, melhor.
2. Adicione à serragem a tinta látex na cor desejada, diluída a 30%, na proporção 2:1, ou seja, 2 partes de serragem para 1 parte de tinta.
3. Misture bem (de preferência com as mãos) e espalhe sobre um plástico para secar.
4. Após a secagem completa, a serragem que ficar empelotada deve ser revolvida com os dedos. Está pronta para ser usada.

PROJETOS SIMPLIFICADOS DAS MAQUETES EXECUTADAS

LEVANTAMENTO PLANIALTIMÉTRICO DE ÁREA

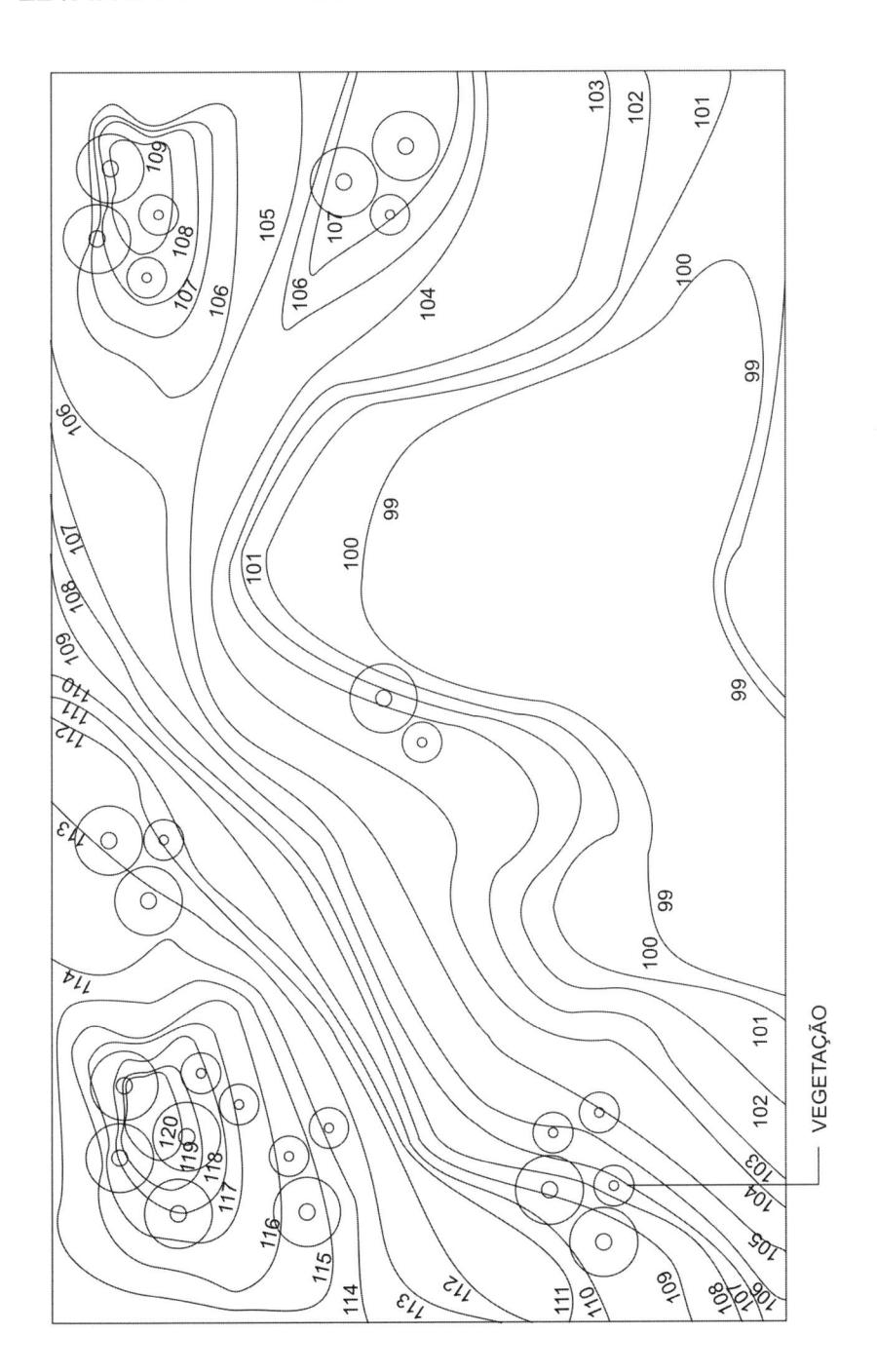

FÁBRICA

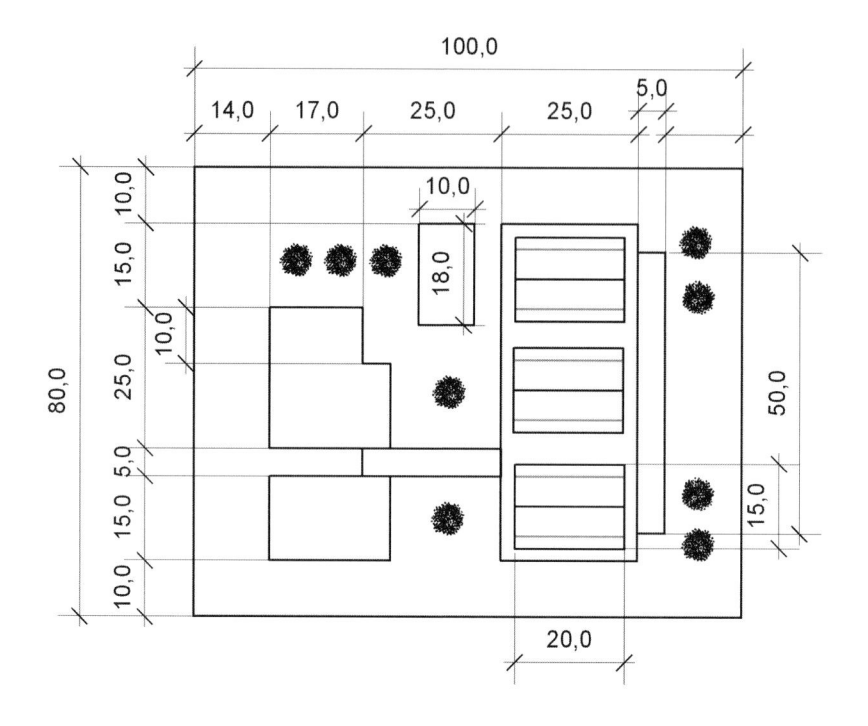

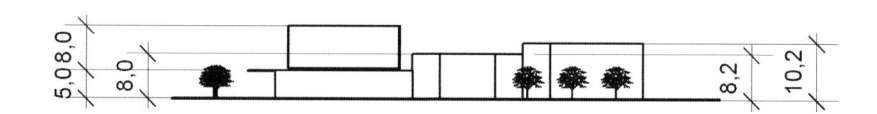

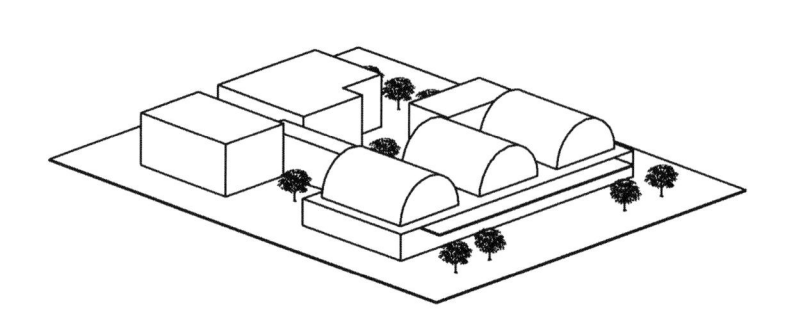

CENTRO CULTURAL

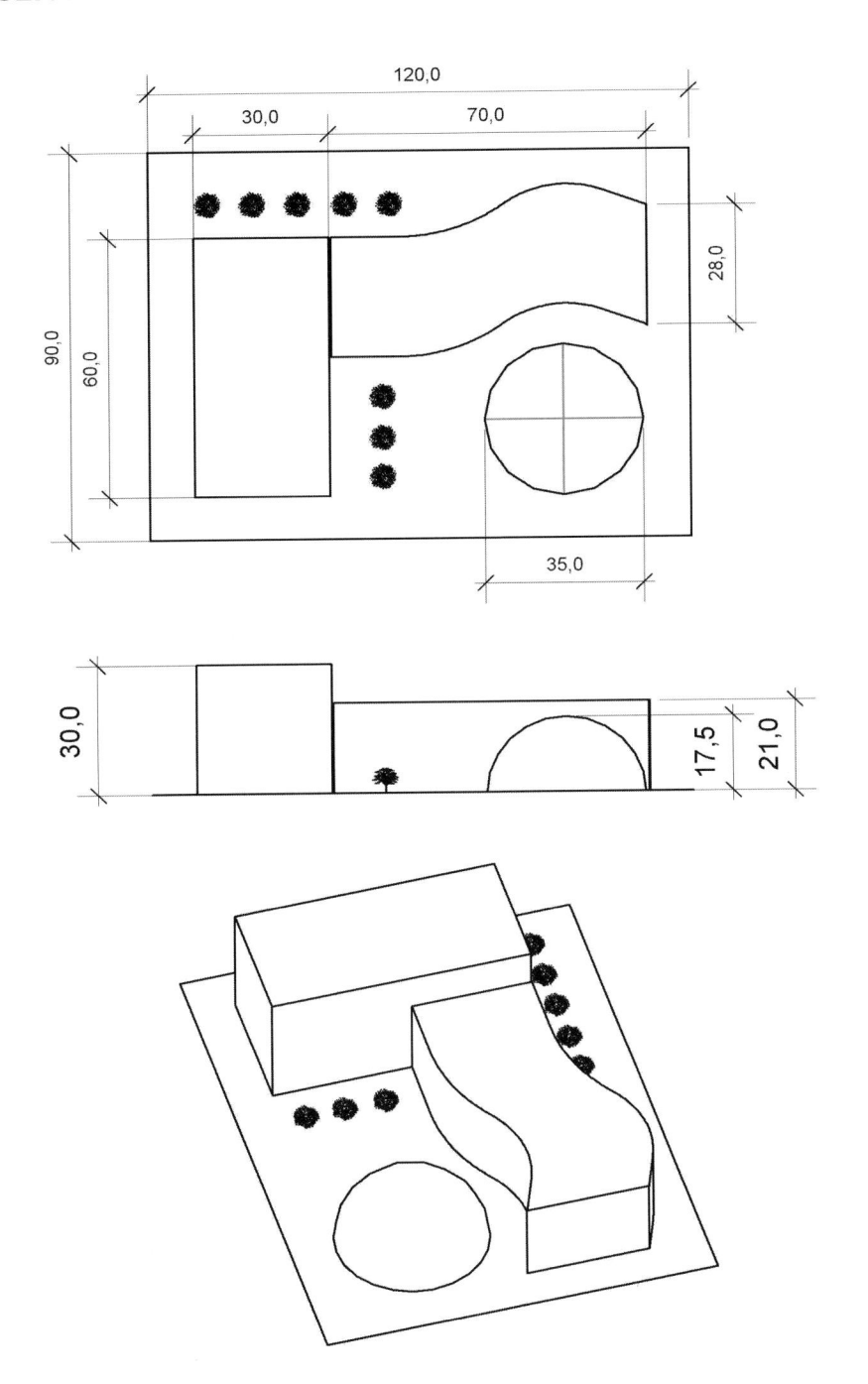

CASA TÉRREA

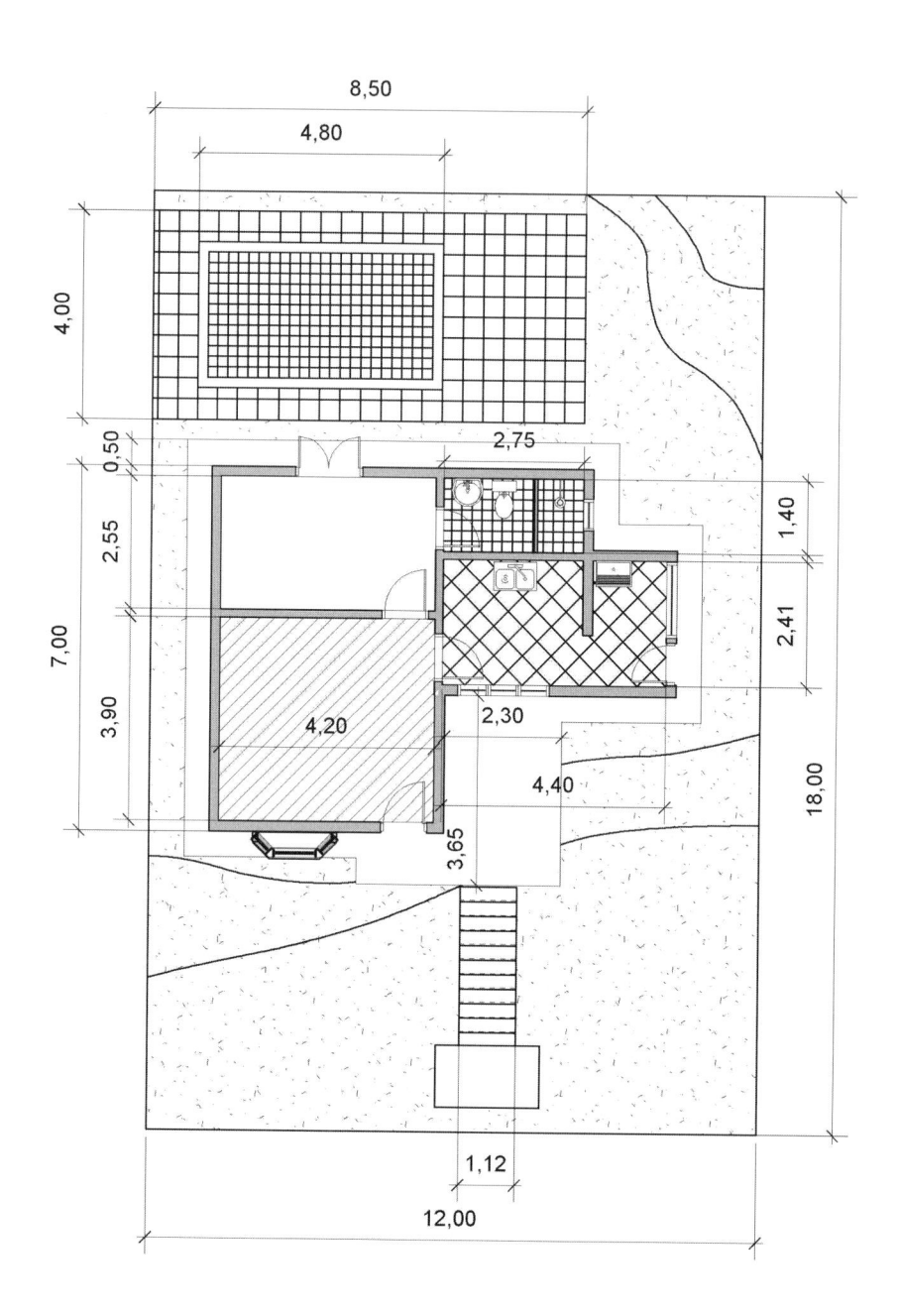

CASA TÉRREA

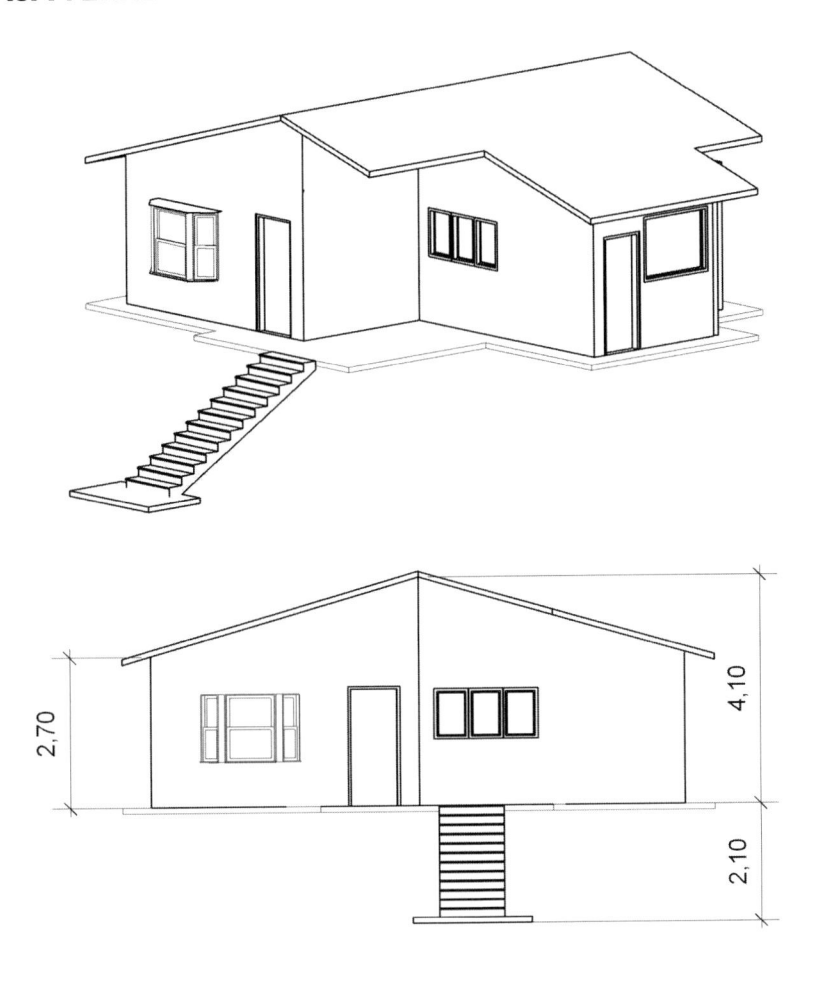

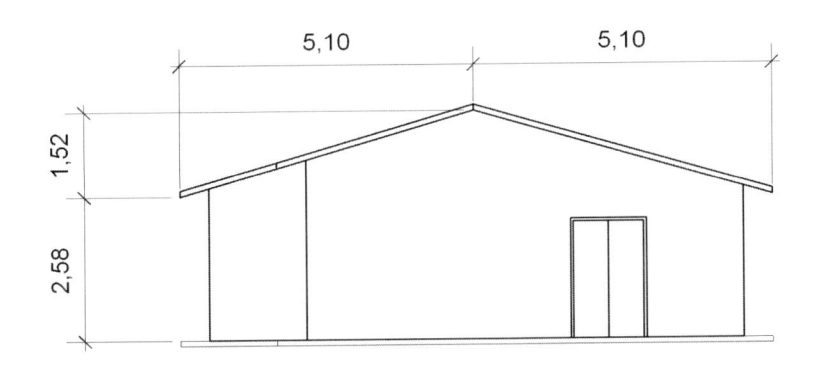

2,70　4,10　2,10

5,10　5,10　1,52　2,58

TENDA – COBERTURA EM LONA

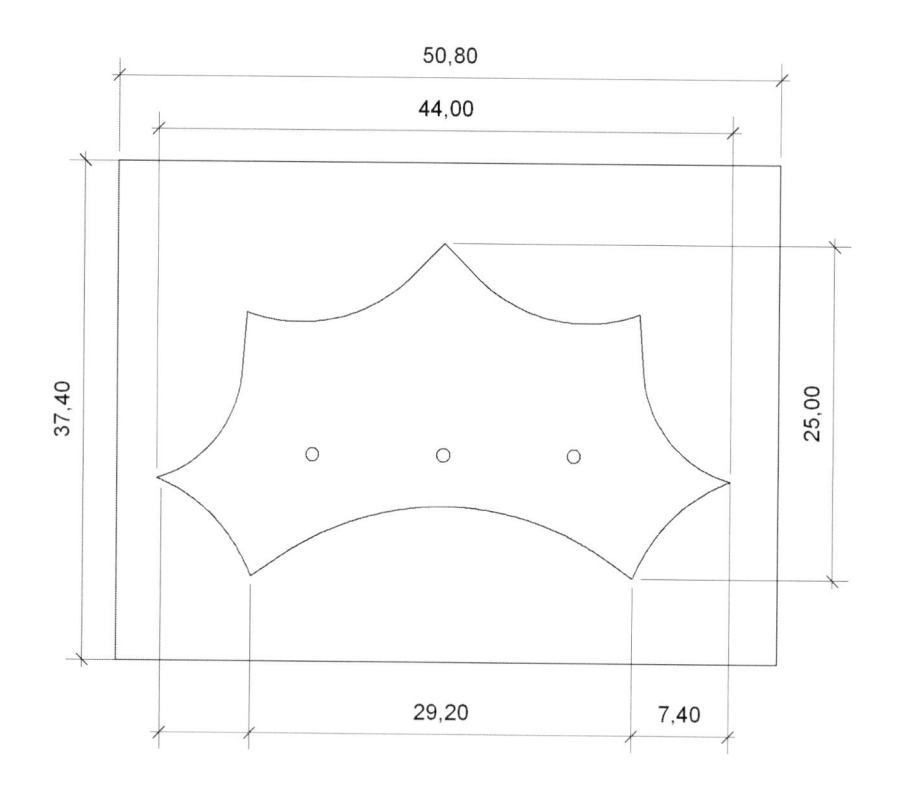

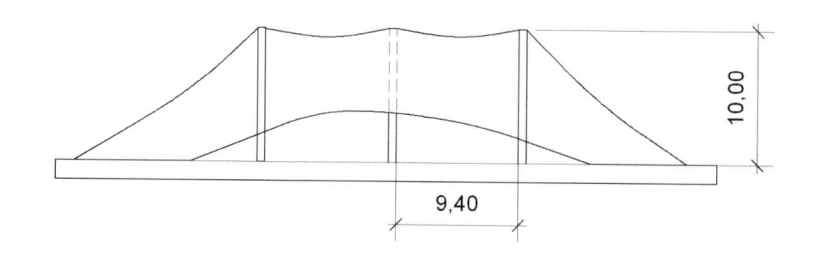

COBERTURA COM ESTRUTURA METÁLICA

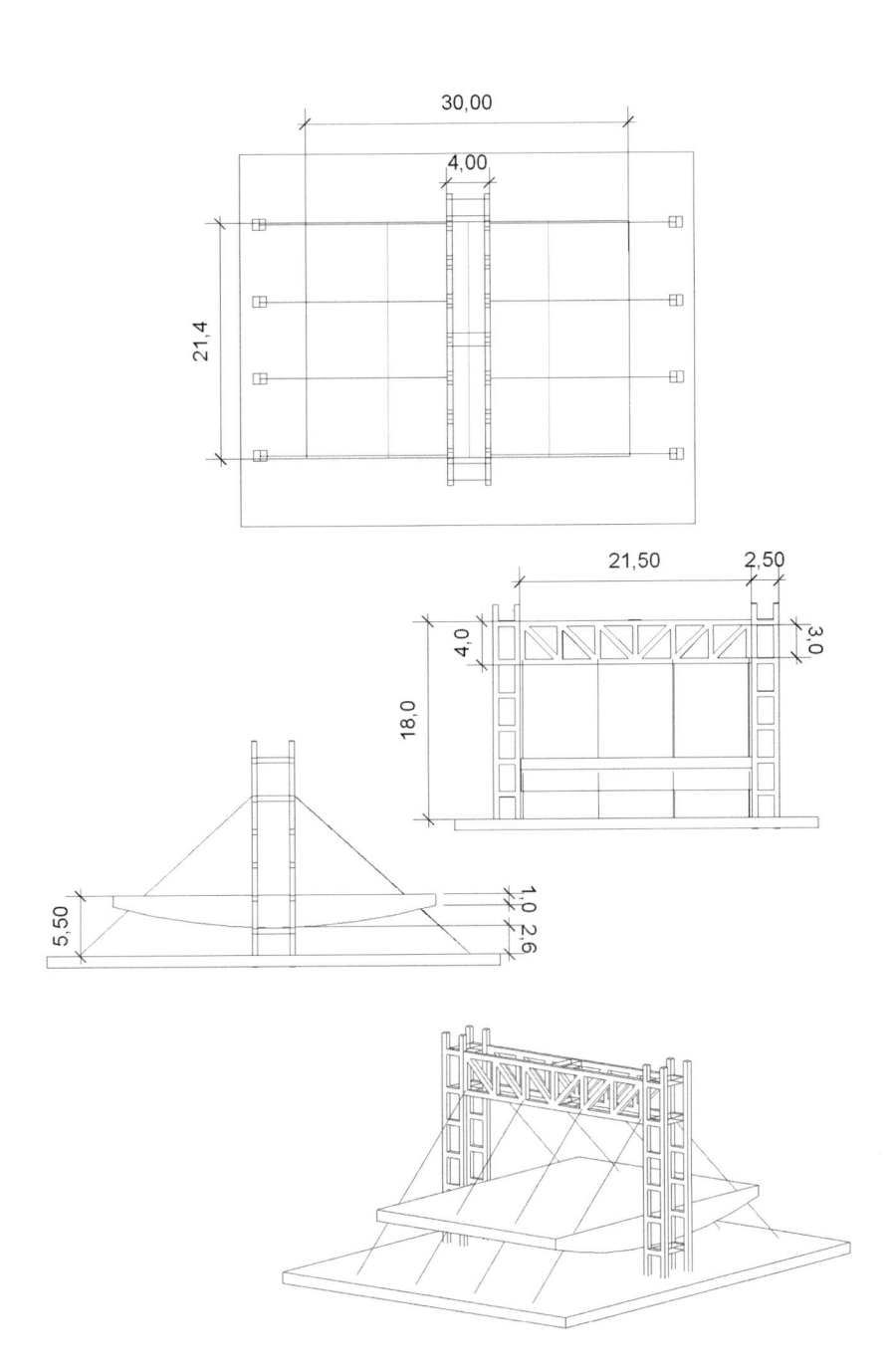

MESA EM MADEIRA

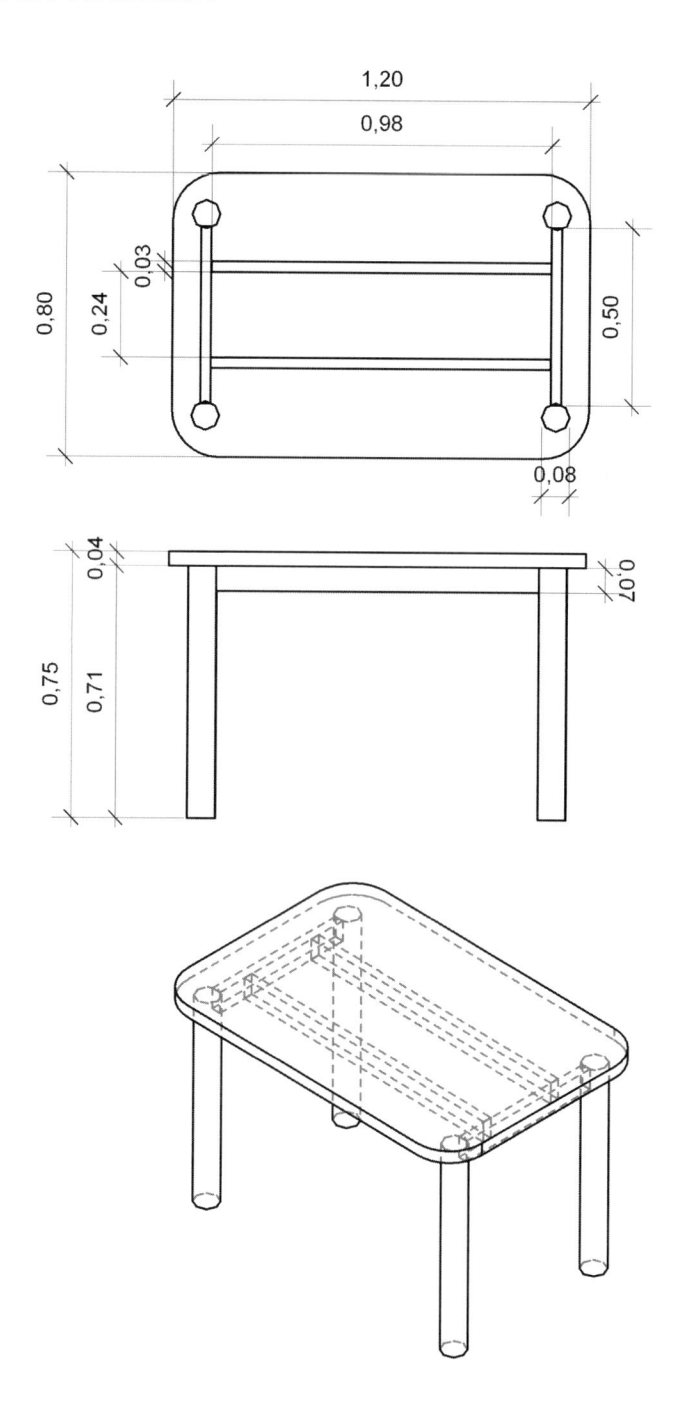

CADEIRA PARA ESCRITÓRIO

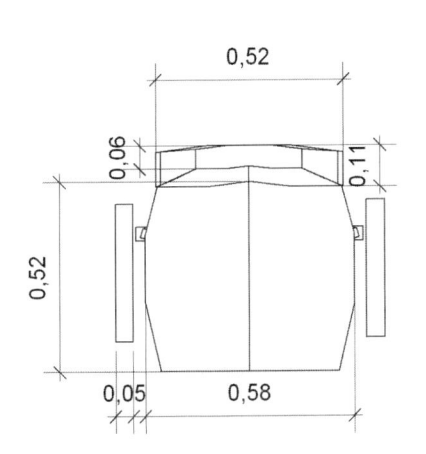

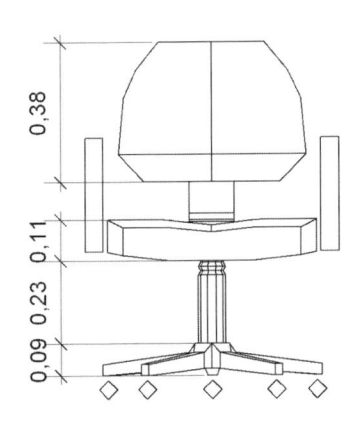

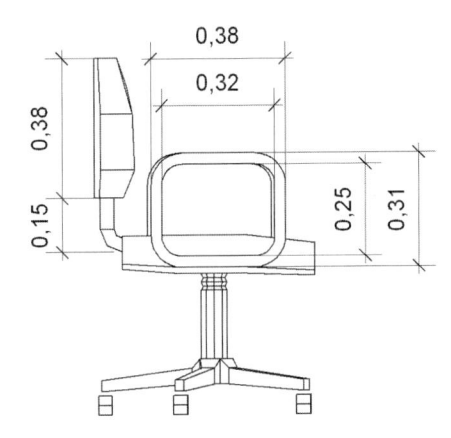

SOFÁ

SOFÁ CHESTERFIELD

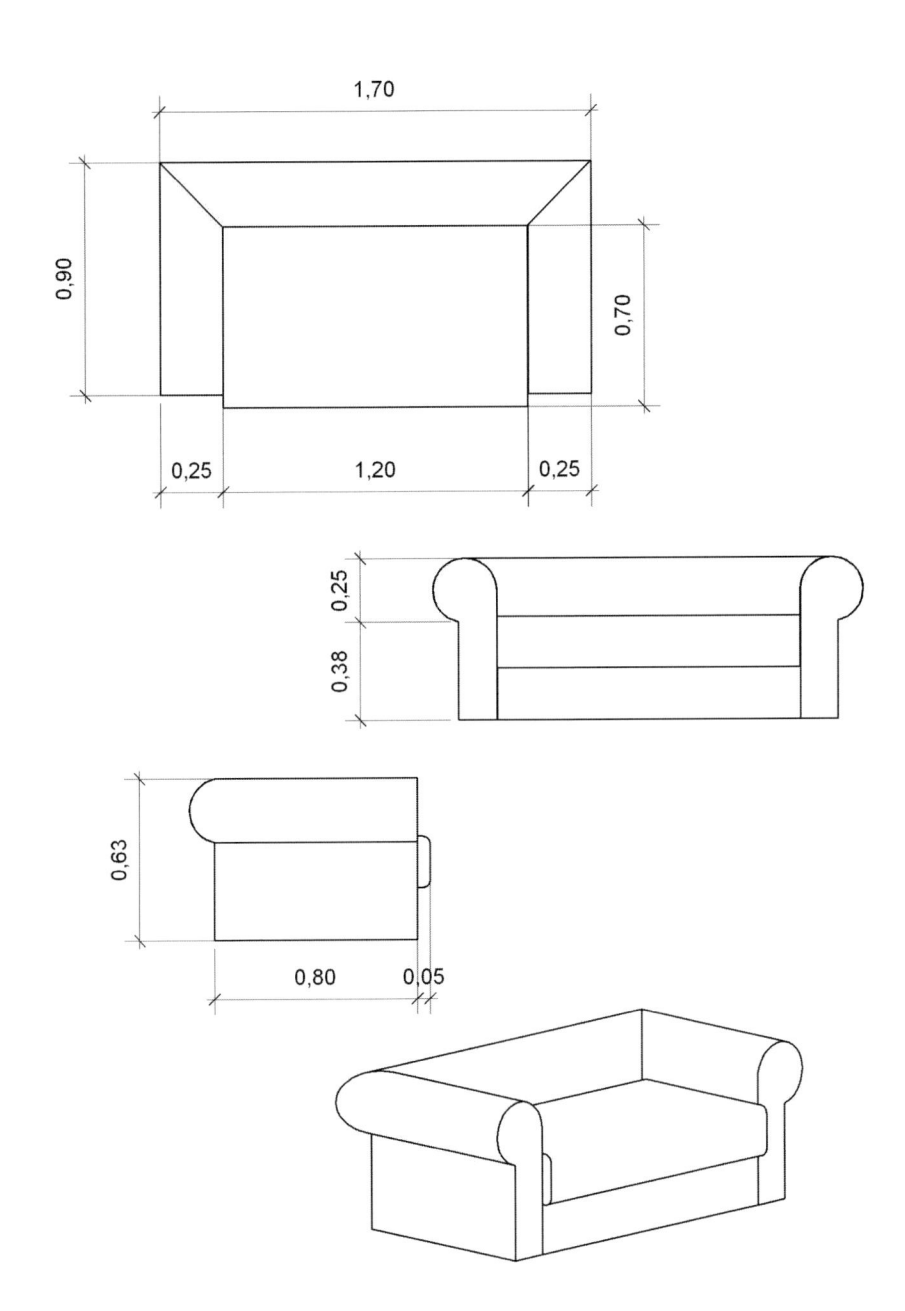

TABELAS

NESTAS TABELAS, VOCÊ ENCONTRA um resumo dos materiais, suas características e sugestões de uso e combinações.

TABELA 01 - Colas: tipos e aplicações

COLAS	DILUIÇÃO	FORMA DE APLICAÇÃO	TEMPO DE SECAGEM	EMBALAGENS	MATERIAIS*
Cola Branca	Solúvel em água. Diluição sugerida para algumas aplicações: 5%.	Pincel ou rolo de espuma	Ao toque: 4 horas Completa: 24 horas	Frascos: 500 gr a 50 Kg	Papel Madeira Balsa Co-laminado EPS Tecido
Cola de contato (adesivo)	Solvente próprio. Pronta para uso.	Pincel ou espátula dentada	Ao toque: 10 minutos Completa: 24 horas	Bisnaga: 30 gr Lata: 0,9 litro Galão: 3,6 litros	Papel Madeira Balsa Co-laminado** Tecido EVA Cortiça
Adesivo Instantâneo (cianoacrilática)	Solvente próprio. Pronta para uso.	Direto da embalagem	Ao toque / Completa: Imediato	Bisnaga: 1,5 a 5 gr	Madeira Balsa
Cola quente (termo-fundível)	Pronta para uso.	Pistola elétrica	Ao toque / Completa: Imediato	Bastões de vários tamanhos	Papel Madeira Balsa Co-laminado EPS Tecido
Cola para EPS (EPS)	Solúvel em thinner (para limpeza) Pronta para uso.	Pincel ou direto da embalagem	Ao toque: 4 horas Completa: 24 horas	Frascos: 40 gr a 1 litro	Papel Madeira Balsa Co-laminado EPS

* Foram citados apenas os materiais utilizados neste livro. As colas podem ser aplicadas em muitos outros materiais que não foram utilizados nos projetos propostos.

** Apenas para o revestimento do papel, pois esta cola corrói o poliestireno que compõe o co-laminado.

TABELA 02 - Materiais e colas utilizadas

MATERIAL		COLA BRANCA	COLA DE CONTATO	ADESIVO INSTANTÂNEO	COLA QUENTE (TERMOFUNDÍVEL)	COLA PARA EPS
Papel	Montagem	APROV	APROV	REPROV	APROV	APROV
	Revestimento	REPROV	APROV	REPROV	REPROV	REPROV
Madeira Balsa	Montagem	APROV	REPROV	APROV	APROV	APROV
	Revestimento	REPROV	APROV	REPROV	REPROV	REPROV
Co-laminado	Montagem	APROV	REPROV	REPROV	APROV	APROV
	Revestimento	REPROV	APROV	REPROV	REPROV	REPROV
EPS	Montagem	APROV	REPROV	REPROV	APROV	APROV
	Revestimento	APROV	REPROV	REPROV	REPROV	REPROV
EVA e cortiça	Montagem	REPROV	APROV	REPROV	REPROV	REPROV

TABELA 03A - Materiais e a qualidade dos acabamentos – Tinta látex* (base: água)

Legenda: B – BOA QUALIDADE M-MÉDIA QUALIDADE R – REPROVADO	FUNDO: GOMA LACA**		FUNDO: GOMA LACA COM MASSA CORRIDA***	
	LÁTEX A PINCEL	LÁTEX POR AEROGRAFIA	LÁTEX A PINCEL	LÁTEX POR AEROGRAFIA
PAPEL DUPLEX OU TRIPLEX	M	B	M	B
PAPELÃO PARANÁ	M	B	M	B
PAPELÃO PARDO	M	B	M	B
MADEIRA BALSA ****	B	B	B	B
CARTÃO CO-LAMINADO	B	B	B	B
EPS****	R	R	M	B

* A tinta látex foi diluída de acordo com a forma de aplicação. Para aplicação a pincel diluiu-se a tinta a 30% enquanto para a aplicação por aerografia a diluição foi de 50%.
** Uma demão de goma laca.

*** Impermeabilizar com 2 demãos de goma laca. Após secagem, 3 demãos de massa corrida diluída a 10% em água, com intervalo de secagem de aproximadamente 5 horas e lixação entre demãos (lixa 220). Lixação final com lixa 360.

**** Somente a massa corrida consegue esconder por completo as fibras da madeira e a textura do EPS. Não é necessária a aplicação de goma laca no EPS.

TABELA 03B - Materiais e a qualidade dos acabamentos – Tinta esmalte sintético* (base: solvente)

Legenda:	ESMALTE A PINCEL		ESMALTE POR AEROGRAFIA		FUNDO: PRIMER SPRAY AUTOMOTIVO***			
					ESMALTE A PINCEL		ESMALTE POR AEROGRAFIA	
B – BOA QUALIDADE	BRILH	ACETIN. OU FOSCO	BRILH	ACETIN. OU FOSCO	BRILH.	ACETIN. OU FOSCO	BRILH.	ACETIN. OU FOSCO
M- MÉDIA QUALIDADE								
R – REPROVADO								
PAPEL DUPLEX OU TRIPLEX	R	M	B	B	B	B	B	B
PAPELÃO PARANÁ	R	B	R	B	M	B	M	B
PAPELÃO PARDO	R	M	R	M	B	B	B	B
MADEIRA BALSA	B	B	R	M	B	B	B	B
CARTÃO CO-LAMINADO **	R	B	R	B	R	R	R	R

* A tinta esmalte foi diluída de acordo com a forma de aplicação. Para aplicação a pincel diluiu-se a tinta a 30% enquanto para a aplicação por aerografia a diluição foi de 50%.

** A aplicação do primer automotivo no cartão co-laminado ocasiona corrosão do poliestireno.

*** Duas demãos de primer spray com lixação entre demãos (lixa 400)

TABELA 03C - Materiais e a qualidade dos acabamentos – Tintas para artesanato* (base: água)

Legenda:
B – BOA QUALIDADE
M - MÉDIA QUALIDADE
R – REPROVADO

	FUNDO: GOMA LACA			
	TINTA PLÁSTICA		TINTA ACRÍLICA	
	fosca	brilh.	fosca	brilh.
PAPEL DUPLEX/TRIPLEX	M	M	M	M
PAPELÃO PARANÁ	B	B	B	B
PAPELÃO PARDO	B	B	B	B
MADEIRA BALSA	B	B	B	B
CARTÃO CO-LAMINADO	B	M	B	M
EPS**	B	M	B	M

* Foram aplicadas 3 demãos de cada tipo de tinta a pincel nos respectivos materiais.

** O EPS deve receber 3 demãos de massa corrida diluída a 10% em água, com intervalo de secagem de aproximadamente 5 horas e lixação entre demãos (lixa 220). Lixação final com lixa 360. Não é necessária a aplicação de goma laca no EPS.

REGINA MAZZOCATO NACCA é ilustradora e maquetista há 15 anos. Executou projetos e treinamento para clientes como Museu de Geociências – USP e General Motors do Brasil. Lecionou em instituições como **FATEC-SP, ETESP** e **ETE Getúlio Vargas**. Lecionou na Rede **SENAC (Unidades Santo André, Tatuapé e Vila Prudente) por 6 anos.**

Cursou marcenaria e modelagem em gesso no SENAI. Participou de cursos específicos de técnicas de pintura (aerografia, pintura imobiliária e pinturas decorativas).

Formou-se em Administração de Empresas com pós-graduação em Administração de Marketing pelo IMES - Instituto Municipal de Ensino Superior de São Caetano do Sul.

Estuda as tendências e a utilização da informática na representação de projetos em arquitetura e design de interiores.

CONTATO COM A AUTORA
www.maqueteseminiaturas.com

Esta obra foi composta em fonte Gill Sans Std 11,5/14,4
e impressa em Cartão Supremo 250g/m2 [capa]
e papel Couché Fosco 80 g/m² [miolo].